小林よしのり×井上達夫×山尾志桜里
×駒村圭吾×曽我部真裕

ゴー宣〈憲法〉道場

I 白帯

毎日新聞出版

ゴー宣〈憲法〉道場

I

白帯

はじめに

小林よしのり

わしはもともと憲法については、占領下に憲法の専門家でもないGHQのメンバーたちがたった九日間で作ったものを、いつまで有難がっているのかという、旧来の保守派の論客と同じ感覚から「改憲」を唱えていた。

しかし今回盛り上がりつつある憲法論議の中で、山尾志桜里《しおり》衆院議員から、そういう従来の歴史的経緯から論じるものではない改憲論議を提起され、こういう考え方もいいと思うようになった。

それは、平和主義を守るための改憲である。

二〇〇三年にイラク戦争が始まったとき、わしは保守論壇の中で西部邁《すすむ》さんと二人っきりで、これは侵略戦争であり、しかも必ず失敗するとして反対を唱え、猛烈に戦った。田久保忠衛《ただえ》や、中西輝政《てるまさ》、岡崎久彦など、他の保守論壇の知識人たちは全員イラク戦争に大賛成した。しかしその理由はというと、要するに「アメリカが強いから」という、ただそれだけだった。強いアメリカについていけば日本は百年安泰だなどということを、彼らは当然のことのように言っていたのだ。

だが結局、開戦の大義とされていた大量破壊兵器はイラクには存在せず、これは大義なき侵略戦争だったことが明らかになった。日本は侵略戦争に賛成し、支持し、これに加担してしまったのである。このままで日米同盟を続けて行けば、この先も「アメリカが強いから」というだけの理由で、日本はアメリカのどんな侵略戦争にも協力しなければならなくなる。それは恐ろしいことであり、道義的にも決して許されることではない。

そもそも「日米同盟」は、昔は「日米安保体制」といい、日米安全保障条約に基づく同盟関係であって、その日米安保条約は条文に国連中心主義を明記していた。

イラク戦争は国連が反対しており、本来の「日米安保体制」であれば国連の意志を尊重しなければならなかったはずである。ところがそうなるといきなり「日米は血の同盟だ」とか言い始めて、日米二国だけで突き進んでしまったのだ。

実はこのとき、国連中心主義だった「日米安保体制」は、日米二国だけで国連を無視して何でもやれる「日米同盟」に変質したのである。これは重大な転換点だったが、国民的議論も何もなく、誰も気づかないうちに、いつの間にか変わってしまったのだった。

そのうえさらに、いまでは安保法制によって集団的自衛権の行使まで容認されている。これでますます自衛隊は米軍と一体になり、自衛隊員がアメリカの侵略戦争に加担して、地球の裏側まで行くことだってあり得るようになってしまっている。

護憲派は、現行憲法を「平和憲法」と呼ぶ。しかしその「平和憲法」は、一字一句も変えられていないにもかかわらず、日本は際限なく侵略戦争に加担できるように、既になっているのだ。これは本当に恐ろしいことだと思っていたのだが、そこで山尾議員から「立憲的改憲論」が提起され、わしはこれに魅力を感じた。

憲法に「自衛権」を明記するけれども、集団的自衛権はいったん封印する。そして個別的自衛権を拡充する。そうすることで、日本がアメリカに追従して戦争に向かっていくことを阻止できるし、自主防衛体制を作っていくことができる。そして自主防衛が基本だというのは、わしの以前からの主張でもある。

これが実現できるのは自民党の憲法案ではない。山尾案の立憲的改憲だけである。

現在の「平和憲法」はもう死文化しており、平和主義を守れない。

平和主義を守ることができるように、憲法を変えるのだ。

そのためにわしは山尾氏を支持し、一緒に活動することに決めた。

わしは隔月開催の討論イベント「ゴー宣道場」を主宰している。

これは道場師範の議論を通じて、毎回百数十人の会場参加者と共に切磋琢磨《せっさたくま》する「思想の道場」で、現在の師範はわしと笹幸恵《ゆきえ》（ジャーナリスト）、泉美木蘭《いずみもくれん》（作家）、高森明勅《あきのり》（日本文化総合研究所代表）、倉持麟太郎《りんたろう》（弁護士）である。

毎回さまざまなテーマを設定し、それに応じてゲストを呼んでいるのだが、今年（二〇一八年）は六月までを毎月開催として、山尾議員が参加し、憲法をテーマに行うシリーズ企画とした。この憲法シリーズでは毎回憲法学者を招き、いろいろな憲法の論点について話をしてもらった上で、道場師範と会場参加者の質疑応答を行い、議論を深めており、この度、それを毎日新聞出版が書籍化してくれることになった。

第一巻の本書「白帯編」では、慶應義塾大学の駒村圭吾教授を招いた、二〇一八年二月四日開催の「憲法九条の命運」、同じく三月一一日に京都大学の曽我部《そがべ》真裕教授を招いた「新世代の憲法論」、計二回分を収録している。

そのほか東大教授・井上達夫氏から、護憲派の欺瞞《ぎまん》について特別に寄稿をいただいた。また道場の師範たちが、それぞれの視点で憲法問題を考える論考を寄せてくれた。

以前のわしは正直言って、憲法学者の意見には首をかしげることが多かったのだが、しかし今回は、正統派の権威ある憲法学者たちが実際のところはどう考えているのかについて学んでみたいと思い、毎回お呼びしている。

本書は「白帯編」ということで、憲法を考える上での総論、入門編的な内容になっていると思う。本書が何らかのきっかけになり、憲法についての国民的な議論が盛り上がることを期待している。

ゴー宣〈憲法〉道場　目次

はじめに　小林よしのり……2

第一部　右も左もなく――〈憲法〉をまじめに考えよう……9

「立憲的改憲」とは何か　山尾志桜里……10

憲法違反は許される　10／檻の中のライオン　12／「安倍改憲」の何が問題か　15／九条の機能不全を直視しよう　16／民主主義を引き受ける覚悟　18／「立憲的改憲」九条論　19／憲法違反を許さないための「憲法裁判所」　22／「主権」なくして「立憲」なし　23／王道の憲法議論を　24

九条は裸だ　井上達夫……26

子供でもわかる嘘　26／論争の場へ　28／嘘のいろいろ　29／リベラリズムの原理と現状　31／反知性の「岩盤」　36／似非識者たち　37／立憲主義とは　42／憲法マター　45／戦力統制の不在　48／大人になろう　51

憲法九条と個別的自衛権　高森明勅……54

事実上の保護国　54／武力行使の「違法化」　56／憲法九条と自衛隊　60／「戦力」未満の非軍隊　63

ニヒリズムと憲法――「立憲的改憲」に必要な知恵　倉持麟太郎……66

変えても変えなくても何も変わらない　66／安倍加憲案の落とし穴　69／

交戦権なんてもうなかった　70／九条二項は何を「否認」しているのか？　71／ないものは統制できない！　78／「交戦権否認」と「戦力不保持」の解除によるその他の条文への影響　81／軍隊を使うのはとっても大変　82／タダより怖いものはない　85／「法の支配」と法への信頼――ニヒリズムを超えて　88／法律家は何であるべきか　89／立憲的改憲論――「立憲」を取り戻すのに「改憲」は短絡的か　91／憲法裁判所の創設を　92／小括　95

第二部　びんぼっちゃまくんと民主主義と九条……97

九条の命運（第一回道場：二〇一八年二月四日、東京・大崎）　駒村圭吾……98
びんぼっちゃま君と民主主義　98／砂川判決の衝撃　100／よみがえる砂川判決　102／命運その一　九条が許容する安全保障オプション　103／命運その二　法的基盤の不安定化　107／命運その三　主権を有する国民の政治的批判　110／「市民」の活性化――最後は「国民の政治的批判」にかかっている　113／ゴー宣道場師範との質疑応答　118／会場との質疑応答　134

イメージと幻想の「平和憲法」　泉美木蘭……140
「政治の話は避けるのが無難」という世間　140／「イメージ」にあやつられる人々　142／九条守って、国滅ぼす？　145

建国以来の古文書――ゴー宣女子部①……148

第三部　国民を〈憲法〉から遠ざける「敵」　151
新世代の憲法論（第二回道場：二〇一八年三月一一日、大阪・江坂）　曽我部真裕　152
これまでの憲法論議　152／憲法の壁　154／プラクティカルな憲法論　156／ゴー宣道場師範との質疑応答　158／会場との質疑応答　182
軍隊は「悪」ですか？　笹幸恵　194
一体何の「実力」か　194／日本が駆使する二枚舌　195／「責務の完遂」の先にあるもの　198
九条アンタッチャブル――ゴー宣女子部②　201
あとがき鼎談　小林よしのり　井上達夫　山尾志桜里　204
著者・道場師範紹介　220

装画　小林よしのり
装幀　水戸部功
校閲　ゼロメガ、小栗一夫
編集協力　吉田麻代

第一部

右も左もなく

〈憲法〉をまじめに考えよう

「立憲的改憲」とは何か

山尾志桜里

憲法違反は許される

先日、ある女性の方が私にこう言いました。

「法律違反は許されませんが、憲法違反は許されますよね」

この言葉を聞いて、私は思わず考え込んでしまいました。確かに現状では、この女性の言う通りです。法律に違反すれば処罰の対象になりますが、憲法に違反してもお咎《とが》めはほとんどありません。そもそも現政権からして、堂々と憲法を破っています。

一方で、物事の本来の価値や重みを考えれば、これは明らかにおかしな状況ではないでしょうか。個々の法律は憲法に基づいて成立しています。その憲法を無視してもよいが、法律は守らなければダメというのは本末顛倒《てんとう》です。なぜ、このような状況になってしまったのでしょうか。

時の権力者が権力を拡大するため憲法を改正しようとすることに、私は断固反対です。

一方、国民の側から国家権力を統制する方向の改憲については、むしろ積極的にすべきだと考えています。これを私は「立憲的改憲」と呼んでいます。憲法により国民意思で国家権力に縛りをかけ、人権保障を強化する「立憲主義」に基づいた名称です。

この「立憲的改憲」は、二〇一五年に安保法制が成立したときから私の頭にあったものです。憲法九条は、集団的自衛権を一部認める安保法制の成立を阻止することができませんでした。この出来事をきっかけに、前後の情勢をあらためて俯瞰《ふかん》してみると、憲法の機能不全があからさまに目立つことに、私は気がついたのです。

例えば、四分の一以上の国会議員が要求したにもかかわらず、臨時国会が九八日間も召集されず、開かれたと思いきやその日のうちに解散総選挙が決定する、という出来事が昨年（2017年）ありました。

誰がどのように国会を召集し解散するかは、明らかに憲法で定められた事項です。ですが、こういった基本的なことでさえ、守られていないのが実態です。

そもそも、いつどのように国会を解散するか総理が勝手に決めていいという考え方は、実は憲法解釈の通説からは逸脱しています。「解散は重要案件が否決されたときなどに限られると解すべきで、党利党略で行われる解散は不当である」と考えるのが通説なのです。

北朝鮮によるミサイル危機のまっただ中、それに対応すべき国会の機能を一カ月あまりも停止してまで行った解散総選挙は、まさに党利党略のための不当な解散そのものではなかったでしょうか。

憲法が守られていない、政治や国民生活の実態と憲法の条文が乖離《かいり》しているという問題は、何も政局や国会運営、九条と自衛隊に代表される外交・安全保障問題に限りません。例えば人権の問題についても、現代の人権意識に照らしてみると、憲法の規定はさまざまな点でアップデートが必要ではないかと思います。

例えば、LGBTの権利保障について、社会の意識が高まり、民間企業の取り組みも前進しています。他方で、与党幹部からは同性パートナーに対する差別的な発言がされていますし、また、私が民進党の政調会長のときに提出した「LGBT差別解消法」は、一切審議に応じていただけませんでした。

諸外国では導入が進んでいる同性婚もいまだに認められていません。憲法二四条に「婚姻は、両性の合意のみに基いて成立し」と規定されていることが、その一つの理由です。例えば、これを一文字だけ変えて「両者の合意」と規定し、同性婚を憲法で保障することを、本気で検討すべきではないでしょうか。このような憲法改正はまさに、リベラルの側から提案すべき、豊かな人権保障のための「立憲的改憲」の一つの側面です。

檻の中のライオン

現在の日本国憲法は、第二次安倍政権のように、憲法に対する傍若無人な振る舞いをためらわない「非立憲的」な政権の存在を、予想していなかったのではないかと思います。

もちろん論者によっては、憲法違反を繰り返す安倍政権は、歴史上際だって横暴な政権で、異例なのだと考えるかもしれません。ただ、憲法はそういう「超横暴」で、かつ「レア」な存在にこそ、統制をかけ得る規範でなければならないと思います。憲法違反を繰り返す安倍総理でも、守らざるを得ないような憲法として、現憲法に手を入れる必要があるのではないでしょうか。

獰猛《どうもう》なライオンが檻に閉じ込められているとします。こういった状況でも、ライオンは檻から出ようとするでしょう。ライオンは猛獣なので、自由を求める本能にしたがって行動するからです。

このライオンに対して「檻から出たらダメ」と理性的に説得してもダメです。相手はライオンですから、絶対に檻から出ようとします。だからライオンが出られないくらい堅牢で、かつ、鉄棒の間隔をせばめた檻を作る必要があるのです。

この例における「ライオン」とは権力、「檻」とは権力者が従わざるを得ないルール、すなわち憲法に置き換えられると思います。

「檻」を形作る「鉄棒」の間隔が広すぎると、「檻」は用をなしません。憲法で定めるルールに抜け穴が多ければ、権力の暴走を許してしまいます。そういった憲法の定めるルールの、縛りの厳しさを、世界中の憲法で使われている単語数によって調べた方がいらっしゃいます。単語数が多ければ憲法上のルールが多く、縛りが厳しい。逆に単語数が少なければルールも少なく、縛りが緩いと考えられます。

その研究によると、世界平均は約二万一〇〇〇語です。最多はインドの憲法で、約一四万六〇〇〇語。インドの憲法は世界一ルールが多く、縛りが厳しい憲法と考えることもできます。一方、日本国憲法は約五〇〇〇語しかありません。日本国憲法という「檻」の鉄棒の間隔は、単語数という面でみれば、実は極めて広いと考えられます。

日本ではもう少し鉄棒の間隔をせばめ、権力に注文をつけたほうがよいのではないでしょうか。第二次安倍政権におけるさまざまなルール無視を目のあたりにしながら、権力を縛るための改憲というアイディアが膨らんでいきました。

思えば、これまで改憲と言えば、権力の側が発案するものでした。したがって、権力者の側から提起される、権力の自由を拡大する改憲ばかりが俎上《そじょう》に載せられ、権力を統制する視点からの改憲提案は、ほとんど見られませんでした。

しかし、本来の憲法とは、国民の意思の最高の発露であるべきではないでしょうか。通常は守勢に回りやすい野党や市民の側から、もっと謙虚に振る舞うよう権力者をしばり、それによって市民の声を政治に届けるパイプを確保する、そういう憲法改正もあり得るのではないでしょうか。

　これが「立憲的改憲」の問いかけです。

「安倍加憲」の何が問題か

　安倍総理が提案する、いわゆる「安倍加憲」案とは、現在の憲法九条については一切変更せず、新たに「九条三項」や「九条の二」なる項目を設けて、そこに自衛隊の存在を明記するという案です。

　安倍総理は「九条の一項二項は変えないから危険性はない。憲法上、違憲の疑いを指摘されている自衛隊を合憲化し、合憲・違憲の議論に終止符を打つことだけが目的だ」と主張しています。東日本大震災でも住民救助に活躍した自衛隊を、違憲の疑いがある存在にしておいてよいのでしょうか、と言いたいわけです。

　ただ、もちろん自衛隊の存在を明記したところで、九条二項において規定されている「戦力の不保持」との矛盾が解決されません。それゆえ、九条二項を維持する安倍加憲案では、合憲・違憲の議論に終止符は打たれず、むしろその議論は憲法の明文上の矛盾として固定化し、維持されることになるでしょう。それだけではなく、「戦力」ではない「自衛隊」が憲法上明記され、保障されることによって、その行動に関する歯止めがいよいよ外されることになります。

憲法に自衛隊の存在だけを書き、その自衛隊に何を託し何を禁ずるのかを書かないわけですから、その統制はもはや憲法ではなく、法律に格下げされることとなるでしょう。

つまり、安倍加憲の本質は、時の政権の多数派が法律さえ通せば、安保法制よりさらに先を行く集団的自衛権をも許容する憲法へと、変質させるものなのです。まさに、権力の側から提起される、権力の自由を拡大する改憲案そのものです。

九条の機能不全を直視しよう

こうした安倍加憲案に対して、「何も変わらない憲法改正に八〇〇億円をかけるのは無駄」という反論では、安倍加憲は阻止できないと、私は思います。「何も変わらないなら自衛隊の存在を書いたほうがよい」と思う方もいますし、政権がそうアピールすることも予想されます。「何も変わらない」ふりをして「大きく変わる」危険性を見逃してはならないのです。

ですから、本当に安倍加憲を阻止するためには、「無駄」だといって突き放すのではなく、この加憲案は危険なんだと、明確に分析する必要があります。

また、これまで「改憲」と言うと、権力者の自由を拡大する、つまりライオンを檻から解き放つような提案ばかり目についたので、「改憲」そのものにリスクを感じる感覚も理解できます。その延長線上に、護憲派の方からの「立憲的改憲」への懸念があるのかもしれません。

しかし、安倍総理はいわゆる「護憲派」のロジックを巧妙に利用しています。九条二項を残すのだから、きちんとブレーキがかかりますよと訴えるわけです。もちろん現実には、もはや機能不全のブレーキです。

九条二項があっても、イラク戦争時の自衛隊による米兵輸送や、明らかに交戦主体となったPKO活動への自衛隊派遣、そして集団的自衛権の容認まで進んでしまいました。かつてブレーキ役だった九条二項が、現在その役割を果たせなくなっていることは、残念ながら明らかです。

九条二項の文言の機能不全から目をそらすことは、「九条二項を残すから安心して下さい」という安倍総理の、国民に対する「欺き」に、手を貸すことにもなりかねません。むしろ九条二項の平和主義を蘇らせるために、より厳しい文言で縛りをかけることで、安倍加憲のウソをあぶり出す、この選択肢を「立憲的改憲」として世に問いたいと思います。

民主主義を引き受ける覚悟

また一方で、「立憲的改憲」の政策面に賛成、しかし運動論として反対、という方もいます。「正しいけど、今じゃない」「護憲が善、改憲は悪という構図が混乱する」「安倍加憲に利用される。国民には違いが分からない」というような懸念です。

しかし、社会を運営していく手法として「熟議の民主主義」の建前を採用する限り、国民に提示すべき選択肢を示さずに物事を進めることはできません。「所詮国民は憲法のことなど分からない」と言う前に、分かってもらうための一二〇％の努力をすることが、政治家や有識者、専門家の務めだろうと思います。

そして各人が自分の考えを全力で説明し議論を交わす、その過程において、自身の考えにも化学反応のような変化を起こしながら、さらに対話を続けていく、このたゆまぬ積み重ねこそが熟議の民主主義です。私たちはこの手法を選んだのではないでしょうか。

民主主義に立脚する以上、議論の結果が、自分にとって本来許容し難い結論に至っても、それを受け入れなければならないことがあります。

ですが、その結論にどうしても納得がいかないのであれば、もう一度議論のテーブルに載せてやりなおすことができるのも、民主主義なのです。

最近、さまざまなシンポジウムで「護憲」と「立憲的改憲」の対話の場を設けていただいています。お互いの考えを知り、共通点と相違点を見出しながら、共に安倍加憲を阻止する力となるために、非常に貴重な場であると感じています。

そのうえで、さらに大事なのは、安倍加憲を退けた後、「立憲的改憲」が良識ある国民の選択肢足りうること。そのために、今からさまざまな専門的視点からの吟味にさらされ、磨きをかけていきたいと思います。

民主主義を選択するなら、「やり直し」と「繰り返し」を許容する国民の力を信じて、全力で説明し、調整を試みようではありませんか。憲法はまだ一度もそういうプロセスを実施していないのですから、今こそ多様な議論を国民に提示する、そのスタートラインに立つべきです。

「立憲的改憲」九条論

「立憲的改憲」における九条論は、「自衛隊の明記」ではなく、「自衛権の統制」をその本質としています。

具体的には、自衛権の範囲を個別的自衛権に明文で制限し、その範囲において「戦力」であり、「交戦権」の主体であることを認める。それにより、二項との矛盾を解消し、立憲主義と平和主義を貫徹しようとするものです。

条文には、武力行使の旧三要件を明記する必要があるでしょう。「旧三要件」とは、次のようなものです。

（旧三要件）
・我が国に対する急迫不正の侵害がある
・これを排除するために他の適当な手段がないこと
・必要最小限度の実力行使にとどまるべきこと

この「旧三要件」がなぜ「旧」なのかと言いますと、安倍政権によって集団的自衛権ありきで解釈が変更され、次の「新三要件」に今では変更されているからです。

（新三要件）
・我が国に対する武力攻撃が発生したこと、又は我が国と密接な関係にある他国に対する武力攻撃が発生し、これにより我が国の存立が脅かされ、国民の生命、自由及び幸福追求の権利が根底から覆される明白な危険があること
・これを排除し、我が国の存立を全うし、国民を守るために他に適当な手段がないこと

・必要最小限度の実力行使にとどまるべきこと

今後はさまざまな改憲案が整理され、複数の選択肢に絞りこまれることが予想されます。その中には、現在の日本国憲法と九条を厳格に運用し、自衛隊を解散して非武装中立を目指そうという提案も、理屈のうえでは入るかもしれません。私のように個別的自衛権に限定して厳格に統制しようという案もあります。阪田雅裕元内閣法制局長官が提示している現状の安保法制を上限にして統制する選択肢もあり得ます。

自民党の石破茂議員の案のように、九条二項を削除するという提案もありますし、井上達夫先生のように、九条の削除と手続的統制、徴兵制の創設を提案されている方もいらっしゃいます。いずれにしても安倍加憲案よりは数段、国民的議論に資する、哲学のある提案だと私は思います。

本稿の冒頭で書いた、さる女性の発言が思い出されます。

「法律違反は許されないが、憲法違反は許される」。

「自衛隊に違憲の疑いがあることをもって、その振る舞いを抑止する」という、九条の特異な役割が、憲法に対する国民の信頼を低下させたり、憲法違反に対する感覚を鈍磨させてきた面も否めないように思います。そしてこのことは、安倍政権が数々の憲法違反や、非立憲的な振る舞いをしても、それほど支持率が低下しない現状と、つながっているのではないでしょうか。

憲法違反を許さないための「憲法裁判所」

安倍政権が臨時国会を召集しなかった件について、私の同僚の高井崇志《たかし》議員が提訴に踏み切りました。国に対する損害賠償請求を起こしたのです。すると、いくつか非難の声が寄せられたのだそうです。「憲法違反にかこつけて、一一〇万円も国に請求するとは何事だ、金のためにやっているのか」というお叱りでした。

もちろん、高井議員はお金のために国を訴えたのではありません。ただ、現在の日本の違憲審査制度では、具体的な事件として損害賠償請求という形式をとらないと、裁判で違憲性を争うことができないのです。

そこで、具体的な事件にならずとも、国家の振る舞いに違憲の疑いがあるとき、それを争点に判断を求めることができる、いわゆる「憲法裁判所」の制度を提案したいと、私は思っています。

こうした制度を採用している国は、世界にはたくさんあり、むしろ「グローバルスタンダード」です。お隣の韓国にも憲法裁判所があります。イタリアやドイツのように、民主主義と独裁の表裏一体を経験した第二次大戦の敗戦国では、憲法裁判所を積極的に位置付ける傾向が強く、特にドイツではこの制度の支持率が八六％もあるそうです。

憲法で国家権力を統制する「立憲的改憲」は、憲法の規律力を高めるための憲法改正と、憲法の実効性を高めるための「憲法裁判所」制度の創設が、いわば車の両輪となって、憲法の力を強化する提案です。

「主権」なくして「立憲」なし

そして、「立憲的改憲」に欠かせないもう一つのピースが、日米地位協定の正常化です。国民の意思で国家権力を統制しても、その国家権力が他国の意思に左右される状態では、統制は効きません。

原発問題や基地問題など、わが国の根幹をなすエネルギー政策や安全保障政策が岐路に立つたびに、必ず現れる「アメリカ」というプレーヤー。

この「アメリカ」との関係を正常化していく第一歩が、日米地位協定の正常化です。

一九六〇年に発効してから、日本政府は、一度も、公式に地位協定の改定を主張したことはありません。

韓国やドイツなどでは改定が実現しているにもかかわらず、日本政府はアメリカへの配慮から改定を主張することすらないのですから、当然地位協定の正常化は一歩も前に進みません。

日米地位協定ひいては日米関係を正常化し、日本の未来を日本国民の意思で選び取るための土台を再構築し、日本という国家の対外的な「主権」を確立することは、日本の社会に本物の立憲主義を根付かせることと表裏一体の関係にあるのです。

王道の憲法議論を

立憲民主党は、一般的には「護憲」のイメージが強いのかとも思いますが、必ずしもそうではありません。改憲・護憲の二元論には立たず、権力を縛り、人権を保障するための憲法議論は積極的に行う、というのが公的な立場です。

その立憲民主党に所属する私と、小林よしのりさんをはじめ、思想的には「保守」の立場の「ゴー宣道場」の方々が、憲法の問題について近い意見であるのは、大変興味深い現象だと思います。

「ゴー宣道場」の憲法シリーズでは、国民と、政治家、さまざまなバックグラウンドに立つ専門家が一堂に会して、対等な立場で憲法を議論しています。こういう場は、いまだかつてなかったのではないかと思います。

今後、改憲発議が行われるかどうか、現時点（2018年4月）ではまだ分かりません。ただ公文書改ざんや日報隠蔽事件に政権が揺れるあいだも、粛々《しゅくしゅく》と安倍加憲に向けた動きが進んでいます。最短スケジュールで改憲発議が行われる可能性も否定できません。

大切なことは、安倍加憲は自然に頓挫する、というような希望的観測に立たず、国民意思で国家権力を統制するための、王道の憲法議論をしっかりと前進させることです。その前進の道しるべになるために、さらに「立憲的改憲」議論を深めていくつもりです。

九条は裸だ

井上達夫

子供でもわかる嘘

まず何より、日本国憲法第九条の条文を挙げましょう。

第九条　日本国民は、正義と秩序を基調とする国際平和を誠実に希求し、国権の発動たる戦争と、武力による威嚇又は武力の行使は、国際紛争を解決する手段としては、永久にこれを放棄する。

二　前項の目的を達するため、陸海空軍その他の戦力は、これを保持しない。国の交戦権は、これを認めない。

第二項で「陸海空軍その他の戦力は、これを保持しない」と言っています。でも、日本は、世界でも有数の装備の自衛隊を保持しています。予算規模で世界八位、海上自衛隊については世界五位以内に入るとも言われます。戦力を保持しないと言っているけど、嘘ですよね。

また、同じ第二項で、「国の交戦権は、これを認めない」と言っている。でも、日本は、世界最強の戦力である米軍と一緒に戦う日米安保条約を結んでいる。交戦権を認めないというのも、嘘ですよね。

日本の憲法が自衛隊・日米安保の現実を認めているとしたら、憲法は嘘をついている。

これは、小学校の高学年なら、子供でもわかる理屈です。

でも、嘘をついているのは憲法ではなく、憲法と現実との矛盾を隠す大人たちです。戦後日本の大人たちは、嘘を嘘で塗り固めるようにして、このことをごまかしてきました。

こういうことを、二〇一七年の八月六日、原爆記念日のゴー宣道場で言ったら、同じくゲストで来ていた枝野幸男議員――旧民進党代表選の直前でした――から、「そんなことを政治家が言ったら、普通の軍隊を持って交戦権を行使したがっている、と国民から思われますよ」と言われました。私が「『普通の軍隊』とは何ですか」と反論しようとしたら、枝野さんは「いや、私がそう思っているというのではなくて、国民がそう思うということ」と逃げていました。

政治家は有権者の反応が心配だということかもしれません。

しかし、嘘は嘘です。

そして、政治家ではない、真実を語るべき学者や知識人、有識者と言われる人たちまでが、この嘘に加担し続けていることが、私は許せません。

論争の場へ

私の専門は法哲学という純理論的な分野です。リベラリズムや立憲主義、民主主義といったものを、理論的に、抽象度の高い次元で長年研究してきました。

それが、二〇一五年の『リベラルのことは嫌いでも、リベラリズムは嫌いにならないでください』（毎日新聞出版）という本がきっかけとなり、「朝まで生テレビ！」といったテレビ番組に出たり、研究者ではない一般の人向けに講演をしたりするようになりました。

もともとは学究肌であった私が、お茶の間に直結するようなメディアの世界に首を突っ込むようになったのですが、それは、私が研究してきたリベラリズム、立憲主義、民主主義とはまるで違うものが、現実世界に、羊頭狗肉的に広がっていることに、我慢できなくなってきたからです。特に許せないのは、自称リベラルとか、護憲派の人たち。

もちろん、自称リベラルや護憲派の人たちが批判している安倍政権にも、大きな問題があります。私は日本の右派は偽物ナショナリストばかりだと思っています――小林よしのりさんは数少ない例外ですが。一言で言えば、対米従属が過ぎる。

しかし、自称リベラルや護憲派の人たちはもっとひどい。

特に憲法九条に関して――繰り返しになりますが――学界で権威ある地位を占めているはずの憲法学者や政治学者たちが、全くの詐欺師的な発言を長年続けている。一般の市民はもっと彼らに怒るべきです。とにかく私は放っておけない、と思うようになりました。若い研究者がこういう論争的なテーマに首を突っ込むと、ヤケドするでしょうから、もしそれが私の弟子や教え子であれば、やめといたほうがいいよ、と言うでしょう。実際、あとで述べるように、私もいろいろ叩かれています。だけど、私はもう「余命」少ない。あえて火中の栗を拾う覚悟で、現実に対して発言しています。

私の役割は、一般市民に特定の考えを押し付けることではなく、政治家・知識人たちの嘘を嘘だと言うことだ、と自分では思っています。

嘘は嘘だ、欺瞞は欺瞞だ、嘘に騙されず、自分の目と耳と頭で考えよう、と。ちょうど、「王様は裸だ」と叫んだ、あの子供と同じ役割です。

嘘のいろいろ

九条をめぐる護憲派の嘘にもいろいろあります。

まず、私が「原理主義的護憲派」と呼ぶ人たち。憲法九条に照らして、自衛隊と日米安保は違憲だと言います。これは、九条解釈としては正しい。そして、この原理主義的護憲派は、今でも憲法学者の多数派です。

問題は、だからといって「自衛隊は解散せよ」とも、「日米安保を破棄せよ」とも言わないことです。古い世代は、一九六〇年に安保反対の大規模な国民的運動があったことを知っているでしょう。しかし、反対運動も一九七〇年ごろまでには沈静化し、今では原理主義的護憲派も、自衛隊と日米安保を政治的に是認ないし黙認しています。つまり、違憲だけど、嘘だけど、そのままでいい。違憲状態のまま「凍結」せよ、と。憲法も、自衛隊・安保も、「嘘」の存在のままで、いわば、ずっと恥ずかしい状態でいさせろ、というわけです。

それでも、万一のときには、自衛隊と安保に守ってもらおうと思っている。私はこの態度を、私生児を認知しないくせに、いざというときはその私生児が命をかけて守ってくれることを期待している、身勝手な男に例えました。

もう一つ、護憲派には「修正主義的護憲派」がいます。彼らは、自衛隊と日米安保は、専守防衛の枠内なら合憲だ、と言い出しています。これは、かつての保守本流と同じ嘘です。専守防衛の枠内なら、自衛隊は軍隊ではない、戦力ではなく「実力」だ、と。

彼らは、「自衛隊は軍隊でない」という、この嘘を言い続けることに意味がある、と言います。でも、嘘は嘘です。

原理主義的護憲派は、嘘のままにしておけ、と言う。それを正そうとしなくていい、と。そして、修正主義的護憲派は、それを嘘だと言ってはいけない、と言う。

これが護憲派の主張なのです。

それを嘘だと言わせないなら、あるいは、「嘘だから否定しよう」という行動を人に取らせないならば、それは戦前の情報統制や抑圧と同じではないか。戦前を批判しているはずの自称リベラルの護憲派が、戦前の大本営発表と同じことをやっている。そのことに彼らは気づいていない。そういうことをやっていてはダメだ、と私は言い続けているのです。

リベラリズムの原理と現状

「嘘も方便」ではないですが、護憲派にも嘘についての正当化があって、例えば、自衛隊は「認知」しないから大きくならない、それが「大人の知恵」だ、とか。

あるいは、九条があるおかげで、アジアの人たちが安心する、とか。私のアジアの年下の知人は、「九条があるのに、巨大な自衛隊がある。言っていることとやっていることが違っていて、かえって信用できない」と言いますが。

いずれにせよ、私は護憲派の嘘の「方便」は、現実において破綻していると思っています。しかし、ここではそれは置いておきます。私は法哲学者なので、法の原理や原則を説くのが本来の仕事です。特に現在のように、世界が大きく動いているような時代には、原理原則に戻って考えることが必要だと思います。

というわけで、私が考えるリベラリズムや立憲主義の原理原則を、ここで簡単に説明しておきたい。ただし、これまでの本とまったく同じ説明になっても退屈でしょうから、比較的新しい話題をからめて話します。

この二月に、ハーバード大学の政治哲学者、マイケル・サンデル氏の指名で、同大学のシンポジウムに招かれました。サンデル氏が一月に共著で出した『Encountering China: Michael Sandel and Chinese Philosophy』という本の出版記念シンポジウムです。

サンデル氏は、NHKでやった「白熱教室」で日本でもブームになりましたね。『これからの「正義」の話をしよう』（早川書房）という本は大ベストセラーになりました。

そのサンデルは、中国でも大ブームになっています。講演などの動員を聞くと、日本を上回るほどの人気のようです。この新刊は中国や米国の中国哲学研究者との共著で、サンデルの哲学と、儒教を中心とした中国哲学の接点を探るという趣旨です。

その出版記念シンポジウムになぜ私が呼ばれたのか。サンデル氏とは旧知の仲とはいえ、中国思想の専門家でも何でもない私ですが、サンデルの哲学の内在的批判とアジア的価値論批判をやったりしていたからでしょう。二月二日に行われたシンポジウムの模様は、ユーチューブで見られます。サンデルの新刊タイトルで検索すれば出てくるはずです。日本の法哲学界で最も声がデカイと言われる私ですが、このシンポジウムでも一番声が大きかった、と映像を見た人から言われました。

ところで、なぜ中国でサンデルが人気なのか。中国のマルクス主義は形骸化し、いまや国家管理資本主義のようになっていますね。中国の人は、下手に公共的問題に関心をもって当局に目をつけられると困るから、金もうけに励んでいる。その結果として「精神的空虚」が中国人のあいだに広がり、その空虚感を埋めてくれたのが「白熱教室」だ――という説明を聞きました。

シンポジウムは、新刊と同様、サンデルと儒教・中国哲学の共通点を探る趣旨でしたが、もちろん、両者には大きな違いもあります。儒教を中国国家の哲学的基盤にしようという人たちは、やたらに「ハーモニー」、すなわち社会的調和を強調する。また、個人主義に対して「社会的役割」の重要性を言い立てる。そういう考え方にはサンデルは同調せず、論争の必要を主張する、という違いがあります。

ただ、両者には、私から見ると危険な共通点があった。それが、ここで言いたいことです。

それは、両者が「リベラリズム」という敵を共有している、ということ。つまり、どちらもリベラリズムを叩こうとする。シンポジウムでは、私はこれを「anti-liberal alliance（反リベラル連合）」と呼びました。これは非常に危ない。

私から見れば、サンデル自身は決して「反リベラル」ではありません。同性愛者の権利を、同性婚も含めて、彼は擁護しています。彼は、本当はリベラルなんです。だけど、自分の立場を他と差異化するために、リベラル批判をするわけです。どうもその部分が、中国に受けている。

これは今の、まさに「トランプ症候群」的な世界――宗教的・民族的な不寛容や差別、自己中心性、独善性が吹き荒れている中で、危険な兆候でしょう。リベラルな心情というのは、そうしたことへの防波堤になってきたのに、そのリベラリズムをただ叩くというのは、その防波堤を壊す行為にほかなりません。

しかも、それは「藁《わら》人形叩き」になっている。つまり、彼らの「リベラリズム」叩きは、根無し草の個人の無責任な反社会性を擁護しているだとか、全く規制のないレッセフェール（自由放任）的な経済メカニズムで自分の欲望をグリーディ（貪欲）に追求する考えだ、とかいうような、歪んだリベラリズム観がもとになっている。

私が考えるリベラリズムは、これまでの著書で述べてきたので、ここで詳述はしませんが、その基本原理は「自由」ではなく「正義」であること、その正義とは、独善ではなく、私が言う「正義の概念」――つまり、さまざまな「正義の構想」に通底する制約原理をパスするものでなければならないこと、そして、その正義の概念とは何かと言えば、普遍化不可能な差別の排除だ、と言っています。その重要な含意の一つを、私は「反転可能性テスト」として述べています。もっと簡単に言うなら、「他人の身になれ」ということです。

他者に対してフェアであること。それが、私が考えるリベラリズムの核心です。

それは、他者に対する自己の要求が絶えず批判的に自己吟味されるべきこと、そして、他者からの批判に常に自己が開かれていること、を要請します。それこそ、リベラリズムの伝統の肯定面を引き継ぐ態度です。

私は、そういうリベラリズムの哲学に基づき、サンデルらの「リベラリズム叩き」は的外れだと考えます。特に、この世界の現状の中では、宗教的寛容や反差別、そして、自由で批判的な相互的議論を活発に展開すること、こういうことへのリベラリズムのコミットメントを、もっと強くしていかなければならない、と考えています。

実際には、中国哲学や儒教の伝統の中にも、リベラルな契機はあるはずです。ですから、リベラリズムを排除するのではなく、リベラリズムを包摂する、新しいグローバルな哲学を作っていくべきだ、と言うのが、このシンポジウムでの私の主張でした。

反知性の「岩盤」

しかし、繰り返しになりますが、世界の現状は、リベラリズムの願いを激しく裏切っています。差別や不寛容を、一部のネトウヨやネオナチ的な人たちだけでなく、普通の人たちが「堂々と」行っている。最近、香山リカさんと共著で出した『トランプ症候群』（ぷねうま舎）という本の中では「悪の正常化」という問題を議論しました。人々はいわば、「悪」に開き直っている。

私は、ハーバードのシンポジウムに出たついでに、アメリカ留学時代の知り合いたちと旧交を温めることができました。その中で知ったエピソードを一つ紹介しましょう。

私は留学生時代、ボストンでストラスマンさん夫妻という方にお世話になったんですが、その息子のマーク・ストラスマンは今、CBSのニュースキャスターをしています。これはネットでも書かれ、動画も公開されていますが、彼がトランプ大統領のベッドロック・サポーター、つまり「岩盤」のように強固な支持者たち三人にインタビューした時の話です。

その三人は女性、うち二人は黒人です。マークが彼女らに、トランプがいかにひどいレイシスト的発言をしているか、とか、事実をこれだけ歪曲している、とか、いろいろ説明する。しかし、いくら言っても、この三人は態度を変えない。トランプの道徳性なんか関係ない、私たちは彼を選んだ、私たちは自分の意見を決める自由がある、彼にはとにかくパワーがある、と。

こういう頑なな姿勢に私はびっくりしたけれど、思い出したのは、一九八〇年代のレーガン大統領時代の、テレバンジェリスト――テレビで布教するスター伝道師たちのスキャンダルです。レーガンを支持した原理主義的右派のジェリー・ファルウェルもテレバンジェリストでした。彼らの中には不正に蓄財した疑惑が取り沙汰された者もいたのですが、テレビで「私も不完全な人間でした」と涙を流すとかえって支持が増えたんですね。

こういう、理性的な議論や説明が通用しない事態、それが広がりつつある現状を、私は怖いと思いますが、それはアメリカだけの話ではありません。

似非識者たち

日本でも、ポジションテーキングな言論、いわゆるポジショントークですね、これが横行しています。やはり非理性的です。もう思想とか論理とかは関係がない。「安倍首相が好きだから、安倍さんのやることなら何でもオーケー」というのもその一つでした。

それもひどかったけれど、最近、私自身に火の粉が降りかかって辟易したのが、出演した二〇一八年元旦の「朝まで生テレビ！」についての、村本大輔（ウーマンラッシュアワー）の言動です。

私が番組の中で、「村本君の発言の裏に、ある種の愚民観を感じるのね。国民はよく分からないからとか。君は一見、国民の目線に立っているようだけど、実は、上から目線で見ている」と言ったのをとらえて、番組後のツイッターで「井上達夫さんには、君は愚民だ、と言われた」と書いた。事実と真逆のデマですよ。それで「庶民をバカにする井上」叩きがネットで炎上。普段なら無視するけれど、あまりにひどいから、オピニオンサイトに反論を書きました（「ウーマン村本よ、国民を『愚民視』しているのは誰か」iRONNA）。

そしたらその直後、今度はアベマプライムという、村本がMCをやっているインターネットテレビ番組で、宮台真司という社会学者と称する人が、村本と一緒に私を叩いている。ひどいのは、宮台氏が、「井上達夫は芦田修正を知らない」と言っていることですね。「自衛隊を違憲だとか言ってるやつは歴史を知らない。憲法九条二項っていうのは芦田修正を受けていて、GHQがそれを承認している」「要は、自衛隊が合憲になるような修正をわざわざ加えたんだよ」「九条二項を読んだことがあったって、芦田修正のことを知らなければ意味がないんだよ、井上（達夫）さん」

芦田修正というのは、一九四六年の憲法改正小委員会で、委員長の芦田均が九条第二項に「前項の目的を達するため」を挿入して、自衛権としての戦力行使を合憲にした、というお話です。これは芦田が後付け的に証言したもので、芦田の意図そのものが歴史的事実として怪しいのですが、仮にそういう意図で挿入されたと仮定しても、一小委員会の委員長の意思を制憲者意思と見ることはできないし、秘密法の禁止という法の大原則にも反する。要するに「筋悪《すじわる》」なんです。

でも、宮台氏は、芦田修正を政府が認めさえすれば自衛隊は合憲化して問題は解決する、政府がそうしないのはただ憲法改正をしたいからだ、と得々と番組で語っています。

芦田修正については自分の本でも、またテレビでも、私は何回も言ってきました。芦田修正は筋悪だから、歴代保守政権と内閣法制局がこの採用を拒否してきた。その代わりに、専守防衛の枠内だったら、自衛隊は戦力ではない、という解釈改憲をやってきたわけです。

宮台氏というのは首都大学東京の教授らしいんだけど、芦田修正のことをさも自分だから知っているかのように話して、自分の不勉強を晒《さら》しているだけです。でも、宮台氏のフォロワーは、彼が不勉強であることを知らない。彼が私について嘘を言っていることも知らない。彼を信じて、井上達夫はなんて無知で傲慢なやつだと思うのでしょう。そうだとすれば、その態度は、先に私が言ったアメリカのトランプ支持者と同じではないか。

こういう態度は、護憲派の中にもしばしば見られます。コアな護憲派はまさに「岩盤」的で、何を言っても聞かないんです。

宮台氏と同じ首都大学東京に、木村草太氏というのがいて、これもまたひどい。

彼は、九条二項は、個別的自衛権、専守防衛の枠内だとしても、戦力の保有・行使を禁止している、と言う。この解釈は、私と同じ。原理主義的護憲派と同じです。

だけど、別の条文が、この憲法の一般的禁止を、いま触れた枠内で例外的に解除している、と言う。その別の条文とは何かというと、憲法一三条です。

第一三条

すべて国民は、個人として尊重される。生命、自由及び幸福追求に対する国民の権利については、公共の福祉に反しない限り、立法その他の国政の上で、最大の尊重を必要とする。

戦力の「せ」の字にも触れていない条文です。この条文に、戦力の保有・行使の禁止という極めて重要な憲法的禁止の例外的解除を勝手に読み込んでいる。こんな勝手な読み込みを許すなら、集団的自衛権容認だって簡単に読み込める。

それだけでなく、一番の問題は何かというと、それが、護憲派が曲がりなりにも守ってきた二つの「封印」を切ることになる。

一つは、原理主義的護憲派は、前にも少し触れましたが、違憲の烙印を押し続けることによって、自衛隊を大きくさせないことが可能になっている、と言う――これは現実認識として私は間違いだと思いますけれど。が、ともかく、この原理主義的護憲派の、この違憲の烙印を押し続けるという「封印」をまず切った。木村説によれば、一三条により自衛隊は合憲なんだから。

そして、もう一方の、修正的護憲派の「個別的自衛権・専守防衛の枠内だったら合憲」という「封印」も切っている。こちらも、「嘘の方便」で、この枠内だったら自衛隊は戦力ではないし日米安保も交戦権の行使ではないという嘘により、自衛隊をフルスペックの軍隊にしないですんでいる、と言う――これも欺瞞的だけど、この「封印」も木村説は切った。木村説では、専守防衛・個別的自衛権の枠内なら九条二項の戦力の保有・行使の禁止が解除されるので、自衛隊は戦力だ、自衛戦力の行使もオーケーだと認めちゃうわけだから。

本来だったら、護憲派から、「お前、やりすぎだ!」と怒りの声が上がるべきでしょう。でも怒らない。怒らないどころか、この木村氏の「一三条代用説」は護憲派に新手の術策を提供したと歓迎されている。要するに彼らは、「九条は変えなくていい」という結論さえあれば、理屈なんかどうでもいい、欺瞞的にせよ自分たちが固執してきた封印すら切られてもかまわないわけです。

この状況は、私がずっと言ってきた、護憲派は憲法破壊勢力だ、という事実を、さらにあらわにしていると思います。今年（二〇一八年）の二月に出た九条問題に関する共著の補論で、私が改めてこの点を指摘したら、共著者の一人である護憲派の伊藤真氏が自分の議論で一三条代用論はまずいことをやっと認めましたが（『戦争、軍隊、この国の行方―九条問題の本質を論じる』〔国民投票／住民投票〕情報室）。

立憲主義とは

原理原則の話に戻りましょう。立憲主義とは何か。なぜ憲法が必要なのか。次にこれを説明します。

ここでも、他者へのフェアネスを核心とする、リベラリズムの理論がベースになります。われわれの社会では、人々が求める政策体系は同じではない。いわゆるリバタリアンなら、小さな政府で、市場原理主義重視の政策を好むでしょう。逆に、大きな政府で、弱者にやさしい福祉国家を目指したい、という人は、まったく違った政策を求めるはずです。異なった政策体系の基礎には、異なった「正義の構想」がある。これについて、自由で民主的な社会で、十分議論を尽くせば、意見が収斂《しゅうれん》するだろう、と期待するのは甘い。むしろ、社会が自由で民主的であればあるほど、自由闊達《かったつ》な世界であればあるほど、人びとの政治的価値判断は対立し、分裂していくでしょう。そこで、どうするか。

いわゆる人生観とか、宗教観といったものなら、分裂したままでも構いません。レッツ・アグリー・トゥ・ディスアグリー（Let's agree to disagree）「合意しないことに合意しよう」という英語があります。ぼくはカトリック教徒として生きる。君は仏教徒として、あなたはイスラム教徒として、お前は無神論者として――宗教だけの話ではなく、いろいろな生き方があっていい。こういう狭い意味での個々人の人生観を、法哲学では――「正義の構想」と対比して――「善き生の構想」と言います。「善き生の構想」は自己決定でよい。

しかし、異なった「正義の構想」に基づく政策の対立は、いくら議論しても解消せず、しかも「レッツ・アグリー・トゥ・ディスアグリー」では済みません。

一つの政治体制の中で、「大きな国家」の信奉者が多数派となって「大きな国家」政策をとったとき、少数派の「小さな国家」主義者がそれに納得せず、従わなかったらどうなるか。「小さな国家」主義者は税金を払わなかったり、規制を破ったりするかもしれません。逆に「小さな国家」派が天下を取って、「大きな国家」主義者が「それは私の正義に合わない」と反逆しても同じです。

各自が、自分の「正義の構想」に照らして、その政策が正しくない場合は従わない、ということになれば、世の中はアナーキーになります。

国家がちゃんとした社会状況で存続するためには、反対者をも含めて、全員を拘束する政治的決定ができなければならない。そういう集合的決定をしなければならない情況、これを――英米圏でいま有力な法哲学者の一人ジェレミー・ウォルドロンの言葉で――「政治の情況（the circumstances of politics）」と言います。

その政治的決定が、自分の正義構想に照らして、間違っていると思ったとしても、なお尊重する、少なくとも次の政治的競争のラウンド――普通は選挙――までは。そういう姿勢を、人々に取らせなければならない。そういう、反対者をも従わせる政治的決定の権威、これを「正統性《レジティマシー》」と呼びます。その基礎になるのが、異なった正義の諸構想に対する共通の制約原理である正義概念なんです。自分が勝つか負けるかに係わりなく、政治的決定を尊重できるようなフェアな政治競争のルールは、正義概念が課す反転可能性テストに基づくものだからです。

なぜ、こんな話をするか。立憲主義とは何か、憲法は何のためにあるかを分かってもらうためです。

立憲主義とは何か。この「政治の情況」において、政治的決定の正統性《レジティマシー》を保証する条件、それが立憲主義です。

憲法とは何か。自分が政治的競争の敗者になったとしても、このルールに従って政治的決定がなされた以上は、その決定が間違っていると思っても、私は尊重しますよ、正統性《レジティマシー》を認めますよ、と思わせるための最小限の条件、これを定めるのが憲法です。

憲法マター

ここで私が言っている憲法は、近代立憲主義でいうところの憲法ですから、成文硬性憲法です。通常の法律と同じようには変えられない。普通の法律は、選挙で勝った政党が議会で多数を占めればどんどん変えられますが、憲法は普通の法律と同じようには変えられない。通常、その改正のハードルは極めて高い。

日本国憲法の場合もそうです。衆参両院の総議員――出席議員ではなく――の三分の二の同意がないと発議できない。そして、国民投票の過半数を取ってやっと改正できる。アメリカは、発議は日本に似て三分の二ですが、全州の四分の三の批准が必要だから、より厳しいけれど、日本も十分にハードルが高い。

三分の二で発議できる。ということは逆に言えば、三分の一に拒否権があるということでもある。これは、考えてみたら、民主主義に反するんじゃないか、という批判は今でもあるんですよ。民主主義は、議論の結果、多数を制したらその決定に従うというものですから。

「立憲民主主義」とひとくくりで言いますが、立憲主義と民主主義には、実は緊張関係がある。立憲主義、憲法というのは、民主的決定に制約を課すんです。通常の民主的立法過程を通じた立法でも変えられない、そういう原理を、憲法で固めておくわけです。そうすると、それには民主主義的正統性《レジティマシー》がないんじゃないか、という懐疑は、常にあり得る。

そういう懐疑に対して、どういう形で立憲主義を擁護するかというと、さっき言った「政治の情況」において、政治的競争の敗者にすら、このルールに従ってなされた以上は、その政治的決定は間違っていると思うけど尊重する、レジティマシーを認める、そういう姿勢をとることを可能にするようなルールだけが憲法に定めるべきだ、ということ。つまり、憲法で固めるべきものは、厳選されねばならない。

その中で重要なのは統治構造です。その時々の選挙の勝者が、自分たちの政権を永続化できるよう、勝手に変えたら困りますから、これは簡単に変えられないようにしておく。

それから、いくら民主的プロセスがオープンでも、いわゆるマージナル・マイノリティ、私は構造的少数者とか被差別少数者と言っていますが、宗教的少数者だとか、民族的少数者、最近においてはLGBTとかの性的指向性における少数者、一般の社会的偏見から差別されやすい人たちの人権を守る。この人たちの人権は、多数派の意思によって侵害できないものとして保障されなければならない。そうしないと、彼らに、この立法は君たちにとって間違っているかもしれないけれど尊重してね、と要求できないでしょう。いくら民主的プロセスが開かれていても、多数派として勝者になる見込みが構造的に乏しいわけだから。

つまり、民主的競争がフェアに行われることを保証するルールと、被差別少数者の人権保障を、憲法で固めなければならない。これらについては、その時々の政治的勝者が簡単に変えられないようにする。

しかし、それ以外の、国民全体にかかわるような政策選択は、憲法で固めてはいけない。こちらは絶えず、民主的な立法過程で、批判的な討議、見直し、再検討に開かれていなければならない。この区別をつけなきゃいけないんです。つまり、何が憲法マターか。何が通常の法律マターか。その識別をしっかりつけなさい、と。この区別が、しかし、今の日本の憲法論議において、ついていない。

経済政策も、社会保障政策も、そして安全保障政策も、憲法で固めてはいけない。つねに民主的立法過程にゆだねられなければならない。

戦力統制の不在

ここではっきりさせておかなければならないのは、安全保障政策と、戦力統制規範は、別だということです。

安全保障政策というのは、非武装中立か武装中立か、とか、自衛権を認めるとしても専守防衛の個別的自衛権か、あるいはもっと集団的な要素を取り込んでいいのか、とか、集団的要素を取り込むにしても、敵味方を区別せず国際社会を包摂する国連中心の集団的安全保障体制に限定するのか、あるいは米国主導の集団的自衛権体制に参加するところまでオーケーなのか、とか。こういったことが、政策的課題としての安全保障政策です。

ちなみに言っておきますが、侵略戦争をしていいかどうか、といったことは、政策的課題に入りません。確立された国際法規として、侵略戦争は違法化されています。日本国憲法でも、九条がなくても、九八条二項に「日本国が締結した条約及び確立された国際法規は、これを誠実に遵守することを必要とする」とあります。国連憲章にも入っているし、世界人権宣言も批准しているわけですから、侵略戦争を行うというのは、最初から政策的選択肢に入っていません。しかし、それ以外のところで、どの安全保障体制をとるかについては、政策的な問題です。

それなのに、ある特定の安全保障体制を憲法で固めてしまうと、転変する国際環境に合わないとかで矛盾が出てきて、いわゆる解釈改憲をせざるを得ない状況を作ってしまう。これは、憲法の規範性を守るという点でまずいし、たまたま今ある憲法で採用された安全保障政策が自分たちにとって都合がいい連中にはいいが、そうでない人たちには極めてアンフェアです。政策課題は、通常の民主的立法過程で変えられなければならない。

一方、戦力統制規範とは、どの安全保障政策をとるかにかかわりなく、戦力の濫用を制御するために戦力の組織、編成、行使の手続きを限定する規範です。例えば、専守防衛・個別的自衛権で、と言っていても、「個別的」の枠の中で、予防戦争はオーケーだとか、予防のための先制攻撃はオーケーだとか、どんどんエスカレートできてしまう。そういうことをさせないために、戦力の組織、編成、行使の手続きは、憲法で明確に限定しておく。最低限必要なのは、文民統制、いわゆるシビリアン・コントロールですね。また、戦力行使の際の国会の事前承認も必要です。

憲法の六六条二項に、「内閣総理大臣その他の国務大臣は、文民でなければならない」という文民条項がありますが、あれは文民統制ではありません。誤解している人もいますけれど。文民統制と言えるためには、軍隊の最高指揮命令権は、文民である首相等に属する、ということが明定されていなければなりません。しかし、日本国憲法に文民統制の条項はありません。なぜなら、九条のために、戦力は存在しない建前になっているからです。

存在しない戦力や軍隊の指揮命令権を言えるわけがない。

それから、国会の事前承認については、安保法制の中にはありますね。あれには例外が多すぎる、原則として緩い、とかいろいろ批判がありますが、根本的問題はそこではない。法律事項だから、時々の権力で簡単に変えられてしまうということです。

これから、安倍政権よりさらにタカ派的な政権が出てくるかもしれない。だからこそ、戦力行使の際の国会事前承認を、そう簡単に変えられないように憲法で固めておく必要があります。

最低限、この二つと、あと、沖縄にだけ基地が集中している問題を解消するため、外国基地が置かれる場合はその自治体の住民投票を要件とする、とかの条項を入れたい。

あとは、事実上の軍隊である自衛隊に、いわゆる軍法会議がない問題。これも、何とかしなければならない。こういったものをどんどん入れていくのが、戦力統制規範です。

ところが、日本国憲法は、九条が戦力の存在を否定しているため、戦力統制規範を定めていないし、九条がある限り定められない。無いはずのものを統制するのは矛盾だから。

他方で、憲法で固めちゃいけない、特定の安全保障政策を、憲法で固めてしまっている。

しかも、九条二項を読む限り、自衛のためであったとしても、戦力は持てないんですよ。それを変えるなと言っている連中ですら、自衛隊を実際上認めるという形で、憲法を裏切らざるを得なくなっている。憲法で定めてはいけないものを、憲法で定めてしまったから、左も右も解釈改憲を重ねていかざるを得なくなって、九条をますます死文化させているわけです。

それにもかかわらず世界有数の武装組織と言っていい自衛隊と、世界最強の戦力とが一緒に戦う日米安保を、統制する憲法規範がないんですよ。九条が戦力を縛っているというのは嘘で、九条があるために、憲法の外で軍事力肥大化の既成事実が積み上げられている。繰り返しになるけれど、憲法で固めてはいけない、特殊な安全保障政策を憲法で固めて、固めるべき戦力統制規範を固めていない。これが日本国憲法の最大の矛盾です。

これは、憲法の極めて歪んだあり方なんですね。これを是正するために、そもそも立憲主義は、憲法は、何のためにあるのか、リベラルな立憲主義の理念に基づいて、根本的に考え直すべきです。

大人になろう

最後に、最近、護憲派から聞こえてくるのは、「国民投票は危険だ」という声ですね。最近、ある護憲派団体の「ヒトラーは国民投票で選ばれました」と書いたチラシを見ました。ジャーナリストの今井一さんが『国民投票の総て』（［国民投票／住民投票］情報室）という本で書いていますが、ヒトラーが選ばれた国民投票は、棄権すると収容所に放り込まれるといったものすごい干渉選挙で、こんなものは例外です。こういう悪質な宣伝を護憲派はやるべきではありません。

彼らにとって九条は、魑魅魍魎《ちみもうりょう》を、デーモンを、要するに軍国主義を、抑えておくための「お守り」のようなものなんですね。それを除くと、わっと悪魔が、戦前の軍国主義が復活すると思っている。じゃあ、軍隊を認知した国は、みんなそうなっているのか、と。軍国主義の復活といっても、民主主義国家ですから、われわれがそうならないようにすればいい。

日本人は日本人自身を信用していないわけですよね。少なくとも護憲派は信用していない。九条というお守りがなければ、自分たちは狂うんだ、という自己不信。

私は、香山リカさんとの対談第二弾『憲法の裏側』（ぷねうま舎）のあとがきを、「自己を信じられない私たち」というタイトルで書きました。

そこで訴えたかったのは、日本人は政治的に大人になろうよ、ということです。

九条さえあれば日本は大丈夫だ、九条がなくなれば日本は狂う、という左派も、アメリカについて行きさえすれば日本は大丈夫だ、アメリカに追従しないとアメリカに見捨てられて日本は滅びる、という右派も、共に幼児的です。現実逃避の願望思考に耽っている。

どうすれば日本人は、日本の民主主義は、成熟できるのか。憲法の問題にしても、冒頭から言っているように、学者や識者――私を含めて――に頼ってはいけない。日本の国民一人一人が自分の頭で考えてほしい、というのが私の願いです。

参考までに挙げておけば、戦後日本についての最新の私の考えは――知り合いには「遺書」のつもりで読んでほしいと言ったのですが――前述の『憲法の裏側』のあとがきにあります。また、私の憲法改正案――九条削除論――の具体的条文は、小林よしのりさんとの『ザ・議論！』（毎日新聞出版）に載っています。

憲法九条と個別的自衛権

高森明勅

事実上の保護国

現代の日本にとって最も重要な関係にある他国はどこか。あらためて指摘するまでもなくアメリカだろう。日米関係こそ、まさにわが国の存立の基盤と言っても、決して言いすぎではないはずだ。では両国はどのような関係にあるのか。普通には「友好関係」とか「同盟関係」という言葉が思い浮かぶかも知れない。国内の一般的な感覚ならそうだろう。しかし、相手側のアメリカの視線は違う。

たとえば元アメリカ大統領補佐官だったズビグニュー・ブレジンスキーは、日本について「de facto status as an American protectorate」(アメリカの事実上の保護国としての地位)と述べていた(『フォーリン・アフェアーズ』１９９７年９・10号)。アメリカの政権中枢の冷徹な認識をストレートに示す表現だ。

アメリカの国際政治学者なども「帝国(アメリカ)とその属領(日本)」という関係でとらえているようだ。「日米関係は本当の同盟関係ではない。これはアメリカが運営している帝国システムにすぎない」(ロバート・アート)と。

こうした見方は、普通の日本人にはにわかに受け入れがたいだろう。わが国はＧＤＰの規模で世界第三位、Ｇ７の一角を占め、国連安保理の常任理事国入りを目指す堂々たる独立主権国家であり、主要な先進国だ――との自負もある。

だが現実はどうか。安倍晋三首相は国会でこんな答弁をしている。「我が国の防衛には米軍の力を絶対的に必要としている」（平成25年4月23日、参議院予算委員会）と。

これは少し立ち止まって考えてみると重大な発言だ。「防衛」という一国の存亡を決定的に左右する分野において「米軍の力を絶対的に必要としている」という現実（または国政トップの現実認識）は一体、何を意味するか。一方のアメリカ側には、日本の自衛隊の力を「絶対的に必要」とするような事情は、もちろん全くない。

二国間の関係において、一方の国だけが他方の国の「力を絶対的に必要としている」場合、その両国の関係が〝対等〟であり得るかどうか。普通に考えれば明らかだろう。それこそ「絶対的に」対等ではあり得ない。「事実上の保護国」であり、「帝国とその属領」という関係になる以外ないだろう。他国への「絶対的」な依存が、「絶対的」な服属に行き着くほかないのは、誰にでもわかる道理だ。

安倍首相は国会の場で公然とわが国がアメリカの「事実上の保護国」であると認めたに等しい。

これまで個別のさまざまな場面で、アメリカへの追随や迎合がひどすぎるという指摘があった。あるいは、在日米軍の運用上の細則を定めた「日米地位協定」の内容が、わが国の主権を大きく損なっているとの批判もある。それら批判の多くは、一つひとつを見れば妥当だろう。だが、そのような日米「不平等」の根底にあるものを見落としてはならない。

それは何か。まさに「わが国の防衛」についての「絶対的」な対米依存こそ、両国の関係の不平等性の根源にほかならない。
「米軍の力を絶対的に必要としている」という現実（または現実認識）が厳然として存在しているかぎり、日米関係の不平等さをいくら人々が非難しても、対米追随やわが国への主権侵害を解消することは不可能だろう。原因をそのまま温存しながら、その結果だけを取り去ろうとしても、結局は無効に終わるしかないからだ。軍事的な「絶対的」対米依存を克服しなければ、対米従属はいつまでも固定化されることになる。

ではどうして軍事面での対米依存が、いつまでも続いているのか。

日本は第二次世界大戦で敗れた。しばらく占領下におかれた時期もある。だがやがて〝独立〟を回復し、経済面では順調に復興を遂げ、科学技術もめざましく躍進した。国力が向上し、わが国発のサブカルチャーなどは世界中で歓迎されている。そのような現実が一方にはある。

にもかかわらず、〝独立〟回復後すでに長い歳月を経たのに、アメリカへの軍事的依存はそのままで、「事実上の保護国」からいまだに脱却できていない。これはなぜか。

ここに憲法九条の問題が浮上する。

武力行使の「違法化」

日本国憲法九条にはこうある。

第九条　日本国民は、正義と秩序を基調とする国際平和を誠実に希求し、国権の発動たる戦争と、武力による威嚇又は武力の行使は、国際紛争を解決する手段としては、永久にこれを放棄する。

二　前項の目的を達するため、陸海空軍その他の戦力は、これを保持しない。国の交戦権は、これを認めない。

これを読むと、憲法は国がいかなる軍事的組織を持つことも（自衛隊を含め）すべて禁止しているように受け取るのが、普通だろう。だから「自衛隊は憲法違反である」という声がずっとある。しかし、憲法学者らの意見はさまざまだった。大まかに分類すると三種類に整理できるだろう。

（1）一項では〝侵略〟も〝自衛〟もあらゆる戦争、武力による威嚇、武力行使が否定され、二項でもあらゆる戦力の保持が禁止され、戦争を行う権利そのものが否認されている。

（2）一項では〝自衛〟については認められているものの、二項によって一切の戦力が保持できない。

（3）一項で〝自衛〟が認められているので、二項で保持できないとされている「戦力」も、自衛のためのものは除外される。

これらのうち、一項で〝自衛〟が認められる根拠は何か。「国際紛争を解決する手段としては」という限定に注目すれば、これは国際法上、〝侵略〟を意味する用語なので、それにあたらない〝自衛〟は放棄の対象から除外されるからだ。そしてこれが通説となっている。

そもそも現在の国際法では、戦争だけでなく、国家による「武力行使」も「武力による威嚇」も、一般的に違法化されている。国連憲章第一章第二条にはこうある。

4．すべての加盟国は、その国際関係において、武力による威嚇又は武力の行使を、いかなる国の領土保全又は政治的独立に対するものも、また、国際連合の目的と両立しない他のいかなる方法によるものも慎まなければならない。

（国連憲章第一章第二条）

これによって、世界中の国々が戦争を含む武力行使を一般的に禁止されることになった（国連非加盟国や脱退した国であっても「国際慣習法」として影響下にある）。だから憲法九条一項は、いわば国際法上の武力行使の違法化（武力不行使原則）を「確認」した規定にすぎない。

世界中の国々が、この国際法上の原則を踏まえた上で、軍隊を保持している。なぜそれが可能なのか。それは、各国とも「自衛権」の行使が認められているからだ。

国際法上、次の三要件をクリアすれば、自衛権の行使として、限定的に武力の行使が許されている。

①実際に武力攻撃を受けているか、またはそれが差し迫っている（違法性）
②他に方法がない（必要性）
③攻撃の規模に見合って過剰ではない（均衡性）

よって九条一項は「自衛権を行使するための（他国と同様の）軍事組織の保持は禁止していない」と理解できる。これで先の三分類の（1）説は脱落する。問題は二項である。「戦力」の不保持を明確に規定しているからだ。また「交戦権」も否認されている。

もっとも、交戦権の否認は一項と同じように、国際法上「否認」されているのを追認したにすぎない。交戦権の意味については、「国家として戦争を行う権利」または「伝統的な戦時国際法において交戦国に認められていた（相手国兵力の殺傷や破壊、相手国の領土の占領、そこでの占領行政、中立国船舶の立ち入り検査、敵性船舶を支配下におく等の）さまざまな権利」と考えられてきた。しかし、そのどちらも現代の国際法では「権利」としては認められていないからだ。それでも各国は、自衛権を行使するために支障なく軍隊を保持している。

かくて――九条の焦点となるのは、二項の「戦力不保持」規定だけに絞られる。

その場合も、先の（3）説に立てば、各国と同様の「防衛」体制を備えることができる。米軍の力に「絶対的に」依存しなくてもすんだはずだ。しかし、学界では（2）が通説となり、政府の見解（公権解釈）もその線に沿ったものとなった。

（2）説では自衛隊は違憲になってしまう。そこで政府の憲法解釈では、自衛隊を「戦力」未満の非軍隊に押しとどめることで、その合憲性を確保することになる。
その結果、軍事面での「絶対的」な対米依存を脱却できず、長くアメリカの「事実上の保護国」にとどまることになった。その顚末《てんまつ》について述べよう。

憲法九条と自衛隊

まず念のために言及しておくと、九条一項のような規定は、武力行使が国際法上、違法化されている中で、他国にも類似の規定を見ることができる。

たとえば、「イタリア共和国憲法」（1948年1月に施行）には「イタリアは、他の人民の自由を侵害する手段および国際紛争を解決する方法としての戦争を否認する」（11条）とある。ただし、その一方で「祖国の防衛は市民の神聖な義務である」（52条1項）「兵役は義務であり、その制限と方法は法律で定める。」（同2項）「軍隊の組織は共和国の民主的精神に基づくものとする」（同3項）との条文もあった。

「ドイツ連邦共和国基本法」（1949年5月施行）にも「侵略戦争の遂行を準備するのに役立ち、かつ、そのような意図をもってなされる行為は、違憲である」（26条1項）とある一方、「男子に対しては、一八歳から軍隊、連邦国境警備隊または民間防衛団における役務に従事する義務を課することができる」（12a条1項、1968年6月の改正で追加）「連邦は（国の）防衛のために軍隊を設置する」（87a条、1956年3月に追加）などの規定もある。等々。

これらのように、九条一項とともに「軍隊」の規定が別にあっても、何ら不思議ではなかった。にもかかわらず、そうした規定が一切ないばかりか、諸外国の憲法に全く類例を見ない「戦力不保持」規定がある以上、（3）説が成り立つのはやはり困難だった。

「もし、九条が自衛のための軍備の保持を認めているとするならば……軍隊の指揮統率《とうそつ》やその編成に関する規定が憲法上存在しなければならない」（野中俊彦ほか『憲法Ⅰ［第四版］』）との指摘は、（3）説の弱点を鋭く衝《つ》いている。

では、わが国の憲法はどうしてこのような特異な規定をかかえ込むことになったのか。

その「特殊性」は、憲法そのものの〝制定過程〟の特殊性に由来すると考えるべきだろう。何しろ日本が「主権」を持てない被占領下に制定された憲法だったからだ。

日本は先の大戦に敗れ、ポツダム宣言を受諾して連合国（その主体はアメリカ）の占領下におかれることになった。アメリカの占領目的は「日本国ガ再ビ米国ノ脅威トナリ又《また》ハ世界ノ平和及《および》安全ノ脅威トナラザルコトヲ確実ニスルコト」（「降伏後に於ける米国の初期の対日方針」1945年9月22日）とされた。占領当局（GHQ）によって草案が用意された現憲法も、その目的に沿ったものであったのはもちろんだ。

つまり日本の非武装化・非軍事化が求められており、九条二項に〝特異〟な「戦力不保持」規定が入れられたのは、この要請に応えたものにほかならない。

では旧日本軍が解体され、憲法によって「戦力」の保持が禁止された日本の〝防衛〟は、占領解除後に一体どうなるのか。国連による「集団安全保障（国連軍）」に依存する、というのが暗黙の合意だったようだ。ところが、そのプランはたちまち破綻《はたん》する。

国連の中枢を担うべきアメリカとソ連という二大国が対立して、「東西冷戦」が浮上したからだ。これによって国連に期待されていた機能を果たせなくなった。さらに日本も「西側（自由主義）陣営」に組み込まれ、一定の軍事的な役割を与えられる。

サンフランシスコ講和条約の発効によって〝独立〟を回復すると同時に、日米安保条約によって日本への米軍の駐留が継続され、東アジア方面における東西冷戦の最前線に位置付けられた。日本の自前の軍事組織としても、占領下に朝鮮戦争へと駆り出された駐留米軍の〝穴埋め〟のために、GHQの指導下におかれた警察予備隊が発足し、やがて〝独立〟回復とともに保安隊（陸上自衛隊の前身）となり、警備隊（海上自衛隊の前身）もあわせて「自衛隊」へと再編された（航空自衛隊には前身組織がない）。

今の憲法が公布された時点（1946年11月）から実際に施行される（1947年5月）までの間に、一挙に東西対立が表面化して、憲法が前提としていた国際秩序が「過去」のものとなってしまったのは、じつに皮肉な現実だった。アメリカのトルーマン大統領がソ連の〝封じ込め〟を狙った、いわゆる「トルーマン・ドクトリン」を発表したのが一九四七年三月、わが国の憲法施行の直前である。

こうしてわが国は、奇妙で困難な立場におかれることになった。旧連合国（＝国連）による平和な世界統治を予想して作られた憲法九条の下で、旧連合国が自由主義陣営（西側）と社会主義陣営（東側）に分裂して激しく対立する「冷戦」の時代に、その対決の〝最前線〟で西側のメンバーとして振る舞うことが要求されたのだ。「戦力」の保持を禁止した憲法の下で自衛隊が生まれ、その役割が維持・拡大されたのは、そうした背景によるものだった。

ここで問題なのは、憲法の「戦力不保持」規定が維持されている以上、自衛隊を合憲の存在とするためには、それが「戦力」未満の非軍隊であり続けなければならないということだ。それでは事実上、個別的自衛権（＝自国を守る権利、本来の自衛権）すらフルスペックでは行使できない。個別的自衛権を十全に行使できないのなら、自国の防衛を他国に「依存」せざるを得ないのは当然だ。わが国の「防衛」のために「米軍の力を絶対的に必要としている」のは、そのためだった。

「戦力」未満の非軍隊

政府はこれまでどのようなロジックで自衛隊の「合憲」を主張してきたのか。それは、およそ以下のような〝論理〟だった。

「憲法第九条第一項で自衛権は否定されておりません。その否定されていない自衛権の行使の裏づけといたしまして、自衛のため必要最小限度の実力を備えることは許されるものと解されますので、その最小限度を越えるものが憲法第九条第二項の戦力であると解することが論理的ではないだろうか」（昭和47年11月13日、参院予算委員会、吉國一郎内閣法制局長官答弁）。

「憲法前文で確認している日本国民の平和的生存権や憲法第一三条が生命、自由及び幸福追求に対する国民の権利を国政上尊重すべきこととしている趣旨を踏まえて考えると、憲法第九条は、外部からの武力攻撃によって国民の生命や身体が危険にさらされるような場合にこれを排除するために必要最小限度の範囲で実力を行使することまでは禁じていないと解している」（平成16年6月18日、159回国会、対島聡衆院議員への答弁書一一四号）

つまり「（個別的）自衛権」は否定されておらず、それを行使するための「戦力」未満の「必要最小限度の実力」に該当する自衛隊は合憲ということだ。なかなか巧妙なロジックだろう。では非軍隊とされる自衛隊はどのような制約下にあるのか。

まず、「防衛出動」が命令されるまでは（治安出動や海上警備行動などで出動しても）〝警察官〟としてしか行動できない。防衛出動が下命され、さらに自衛隊の最高指揮監督権を持つ内閣総理大臣が閣議決定を踏まえて武力の行使を命じるまでは、「武力行使」は一切できない。だからこんな指摘がある。

「防衛出動命令が出ていない状況（平時から戦時への移行期、即ちグレーゾーン）の場面では、外国艦船はもとより指揮系統の違う自衛隊艦船、海上保安庁・民間の船艇を攻撃したものに反撃することはできない。……一九七八年に栗栖弘臣《くりすひろおみ》統合幕僚会議議長が『現在の自衛隊法では奇襲攻撃に手が出せないので、その時自衛隊は超法規的行動をとらざるを得ない』と発言し事実上解任された事例があった。実はこのグレーゾーン問題はそれと同根である」（元自衛隊陸上幕僚長、冨澤暉氏の『軍事のリアル』〈二〇一七、新潮新書〉より）

次に、よく指摘されているように、その装備・訓練はもっぱら「盾」に偏り、「矛」を持っていない。独立した軍隊としての完結性を備えていないのだ。だから次のような評価をされることになる。「軍事力に関する世界のランキングは、基本的にどのぐらい強いかということでランクをつけるわけですが、実をいえば、自衛隊は世界ランキングに入れない『特殊な構造』を持った軍隊なのです」（軍事アナリスト、小川和久氏の『日本の戦争力』〈二〇〇五年、アスコム刊〉より）と。これでは防衛費の額が多そうに見えても、「米軍の力」に依存せざるを得ない。さらに、軍隊ならその規律と秩序を維持するために欠かせない「軍刑法」も「軍事裁判所」も、自衛隊には存在しない。

以上のように見てくると、自衛官一人ひとりの士気・規律・練度とは別に、組織全体のあり方として、自衛隊はやはり「戦力」未満の非軍隊であると言わざるを得ないだろう。こんな状態では個別的自衛権すら他国並みに行使するのは困難だ。こうして軍事面での「絶対的」な対米依存が必然化され、「アメリカの事実上の保護国」と言われる地位をいまだ脱却できないでいる。

東西冷戦が終わり、アメリカの国益にとって日本の戦略的価値は大きく下がった。それでも日本政府は今まで通りの対米依存を続けるため、安保法制によって「集団的自衛権（＝他国の自衛を軍事的に支援できる権利）」の部分的な行使に踏み込んだ。アメリカに「貢献」する姿勢を見せるために、これまでの政府解釈では「違憲」として退けていた領域に立ち入ったのだ。

だが、個別的自衛権すら九条二項「戦力不保持」の規定で十全に行使できず、対米従属を克服できないまま、集団的自衛権の行使を容認したのは本末顚倒《てんとう》であり、アメリカの「戦争」に駆り出される危険性を高めた。まずは、個別的自衛権を過不足なく行使できるように、憲法九条二項の「戦力不保持」を見直すのが、優先的な課題ではないか。

ニヒリズムと憲法――「立憲的改憲」に必要な知恵

倉持麟太郎

変えても変えなくても何も変わらない

職業上、法律や憲法とは無関係な方と憲法について語ると、一つの大きな壁にぶちあたる。それはある種の不信、憲法への「ニヒリズム」である。

ニヒリズムとは、例えば次のような会話に現れるものだ。

知人Ａ：「倉持はそんなに熱くなってるけどさ、結局、憲法変えても変えなくても何も変わらないと思うんだけど。九条で軍隊持っちゃいけないって書いてあるけど、思いっきり自衛隊はいるし、それでも合憲なんだろ？　しかも実際北朝鮮からミサイル飛んで来たら撃ち落とすだろ、当然。憲法守らない人はいくら変えたって守らないし、憲法守ってても守ってなくても俺たちの生活には関係ないし。なんで変えるの？」

これはあくまで私の知人のセリフだが、この普通の人々の感覚を最もよく吸収し表現している人がいる。安倍首相である。

安倍晋三総理大臣：「政府の立場を申し上げれば、**自衛隊が合憲であるということはもう明確な**

一貫した立場であり、これは自衛隊を明記することが国民投票でたとえ否決されても変わらないものであります。（平成30年2月5日　衆院予算委）」

〝変えても変えなくても何も変わらない〟国民がどこかで肌感覚として共有している、この憲法に対するニヒリズム・不信・無関心に訴えかけることによって、国民の潜在的コンセンサスを集約し憲法改正を実現させようという、逆説的ではあるが極めて実践的な手法を採用したのが、安倍晋三総理大臣その人である。

このニヒルなコンセンサスは「ありがとう自衛隊さん」（※「美しい日本の憲法をつくる国民の会」が配布しているチラシに踊る文言）や「命を賭して任務を遂行する公務員の心に**尊厳と誇りと勇気を与える必要**がある」（安倍総理大臣発言：平成30年1月24日衆院予算委）などといった表現を纏《まと》って発信がなされ、おそらく現状では日本国民の大方が事実上承認している「自衛隊の存在」の追認を喧伝《けんでん》するものの、根底にある「国民の憲法へのニヒリズム」というより大きな問題を、むしろ隠蔽していると考えられる。

安倍首相は、昨年二〇一七年五月三日に読売新聞のインタビューに答え、「私の世代が何をなし得るかと考えれば、自衛隊を合憲化することが使命ではないかと思う」とし、そのための手段として九条について「一項、二項をそのまま残し、その上で自衛隊の記述を書き加える」といういわゆる〝安倍加憲案〟たる憲法九条改正案を提示した。

すなわち、現行憲法九条一項、二項はそのまま維持したまま、「我が国防衛のための必要最小限度の実力組織」として「自衛隊」の三文字を明記する〝だけ〟という提案だ。

自衛隊を明記する効果として、安倍首相の発言によれば、何も「変わらない」という。（安倍首相自身は、自衛隊を明記することによって、自衛隊が違憲か合憲かという議論の「余地をなくす」という極めて強い効果を志向するが、自衛隊の違憲合憲の議論は従前より憲法九条二項の「戦力」概念との関係でされてきたのであり、九条二項を維持する限り、議論の「余地をなくす」ことはできない。今までもこれからも、九条二項がある限り自衛隊は「条件付き・限定的合憲」の存在である。その意味で安倍加憲という方法では安倍加憲の目的は達成できない。この点は紙幅もないため別稿に譲る）

安倍総理自身も「**二項をそのまま残すという私の提案においては、これは二項の制限がかかるということは今までの政府の解釈と同じでございます**」（平成30年1月30日衆院予算委）、「自衛隊の存在が憲法に明記されることによって自衛隊の任務や権限に変更が生じることはないものと考えていることは明確に申し上げておきたい」（平成29年11月27日衆院予算委）としている。

また、自民党憲法改正推進本部に鎮座しているいわゆる〝憲法族〟の重鎮たちもこれに追随し、「九条の政府解釈を一ミリも動かさないで自衛隊を明確に位置付けるという方向性で憲法改正の具体論を進めていく」（保岡興治氏：平成29年6月12日自民党憲法改正推進本部全体会合）、「九条一項、二項を維持したまま自衛隊を明記しても、自衛隊の活動範囲は広がらない」（高村正彦氏：平成29年5月24日福岡市での講演）などと発言し、「安倍加憲案」は、そのまま憲法九条の改正原案へと昇華していく様相を呈している。

安倍加憲案の落とし穴

しかし、本当に何も「変わらない」のだろうか。また一方で「変わらない」ということに対して「憲法改正の国民投票」という超重量級の手続きを踏むことにどんな意味があるのだろうか。それは積極的に「何か」を「固定化」することを意味しないか。

そもそも安倍加憲で本当に何も「変わらない」のか。九条一項、二項を維持したまま九条に新設条文を追加した場合、よく言われるのが「後法は前法を優越する」ということだ。新設条文と既存の条文が抵触した場合、新設条文が優先し、前法たる既存の条文の意味内容は、抵触する部分に限り変更、もしくは死文化する。これ自体、立法技術としてそのように死文化しないように規定することが望ましいが、本当に死文化するのかしないのか、意味内容が変化するのかしないのか、はっきりいってわからない。現行九条二項の意味内容が確定できなければ、明記した「自衛隊」の存在も不安定化する。なにより、憲法上の「自衛隊」概念をいかに解釈するかということが新たに問題となる。

すなわち、何も「変わらない」といいながら、新たな法解釈上の論点が噴出することは間違いないし、それによって本来目指した「自衛隊」の安定的な位置付けがグラグラと揺れる可能性すらある。また、自衛隊という〝組織〟の位置付けが不安定であるし、自衛隊が行使する自衛権等の権能については、憲法では規定しないため、基本的に法律事項となり、憲法的な統制が及びにくくなるのではないかという問題がある。比較法的・国際法的にみてそれが是か非かという観点とは別に、日本国憲法では、憲法九条によって軍事に関する権能への統制を図ってきたはずである。それを法律レベルに事実上投げてしまうにもかかわらず、安倍首相は九条二項の制約がかかると答弁している。これも、よくわからない。

自衛隊という〝組織〟についても、自衛権の行使という〝作用〟についても、憲法上どちらもよくわからない。こんな不安定なことがあるだろうか。憲法上よくわからない、ということは、憲法を制定し権力統制力の源泉たる国民意思による自衛隊のコントロールがいかように及ぶかも「よくわからない」ということである。自衛隊・自衛権の統制について、ここまで不安定・不透明な帰結を生む改憲は、何も「変わらない」どころか改悪ではないのか。

交戦権なんてもうなかった

一方で、安倍加憲案が今回〝目をつぶった〟九条という戦後日本が抱える根源的かつ壮大な物語とは、一体いかなるものなのだろうか。

日本国憲法九条の特徴は、九条二項である。

九条一項は、戦争一般が違法であることを確認した規定である。すなわち、九条一項だけであれば、国際法上も戦争一般は違法であり、一方でいわゆる自衛権（個別的自衛権及び集団的自衛権）は国際法上は禁止されておらず、九条一項の規定は日本特有のものではなく、グローバルスタンダードである。しかし、九条二項では、「戦力（land, sea, and air forces, as well as other war potential）」は不保持とされ、交戦権は否認されている。これがユニークだ。

この「交戦権」という概念がくせ者である。元来、交戦権というのは、戦争一般が違法化されていないことを前提に、戦争をする権利、つまり国同士が「タイマンをはる」権利のことである。しかし、日本国憲法制定時（1946年公布、47年施行）には、国連憲章によって戦争一般は違法化され（45年）、もうすでに戦争を前提とした「交戦権」という概念は存在しなかったのだ。ここにまず九条二項の「ズレ」がある。つまり、当時もうすでに国際法上通用しなくなった交戦権という概念をわざわざ「否認」しているのだ。

意味を持たない概念をさらに否定している。無意味な概念をいくら否定しても、それは有意味にはならないはずだ。ということは、九条二項とは、一九四七年の段階で実は死文になっていて、実は何の意味も持たない条文なのではないのか？

九条二項は何を「否認」しているのか？

さりとて、九条二項は実は死体を殺しているような条文で、生きた概念を何も否認していないのだから、自衛隊のような武力組織を想定していたと言えるのか。平和主義や戦争の放棄を一手に引き受ける九条のユニークさを支えるとされる、二項の存在意義は一体何なのだろうか。

単純に考えてほしい。憲法を制定した当時の人々が、この九条二項の文言をもって、すでに死語と化していた語はもう死語であることを確認したまでで、軍事的な組織の創設は否定していない、などとはにわかには考えにくい。

現行日本国憲法の政府案が帝国議会に上程された当時、内閣法制局は、議会対策用に「想定問答集」を作成していた。そのQ&Aを次に示す。

Q：「自衛権は認められるか」
A：「戦争放棄に関する規定は、直接には自衛権を否定していないが、**一切の軍備と国の交戦権を認めていないので、**結果において**自衛権の発動として、本格的な戦争はできない**ことになる」

また、九条二項に「前項の目的を達するため」という文言を挿入したことによって、侵略戦争のための戦力の保持と交戦権の行使のみを否定したのであって、自衛のためのそれは否定していないとするいわゆる「芦田修正」という考え方がある。この芦田修正の意図とはなんだったのか。芦田自身が語っている。

「……前項の目的とは何をいうか。この場合には国策遂行の具としての戦争、または国際紛争解決の手段としての戦争を行うことの目的を指すものである。**武力行使を禁じたものとは解釈することはできない。**……第九条第二項の冒頭に『前項の目的を達するため』という文字を挿入したのは、私の修正した提案であって、これは両院でもそのまま採用された。従って**戦力を保持しないというのは絶対にではなく、侵略戦争の場合に限る趣旨である。**……私の主張は憲法草案の審議以来一貫して変わっていない。新憲法はどこまでも平和世界の建設を目的とするものであるから、われわれが平和維持のために自衛力をもつことは、天賦の権利として認められているのである」（1951年1月14日付毎日新聞）

このとき、芦田自身が「芦田修正の根拠は自分の日記に記してあるし、さらには国会に密封して保管してある速記録には全部記録されているはずである」と述べた。これが動かしがたい事実として「自衛戦力合憲論」の根拠となり、一時代を形成した。

しかし、芦田の死後に公刊された『芦田均日記』（岩波書店、1986年）にはそうした記述は一切無く、「憲法秘密会議事録」（1995年）においては芦田の修正理由は、上述の主張とはまったく異なったものであった。すなわち、九条二項に「前項の目的を達するため」を追加挿入する理由として、**「（九条一項の）『国際平和を希求し』という言葉を（一項、二項の）両方の文節に書くべきなのですが、そのような繰り返しを避けるために『前項の目的を達するため』という言葉を書くことになります。つまり両方の文節でも日本国民の平和に貢献したいという願望を表すものとして意図されているのです」**とされていた。

芦田委員長「前項のというのは、実は双方ともに国際平和ということを念願しているということを書きたいけれども、**重複するような嫌いがあるから、前項の目的を達するためと書いたので、つまり両方共に日本国民の平和的希求の念慮から出ているのだ、こういう風に持っていくに過ぎなかった**」（第90回帝国議会衆議院帝国憲法改正案委員小委員会速記録）

生前芦田本人が言っていたことと全然違うではないか！　自衛戦力等についてはまったく言及

がないどころか、「前項の目的を達するため」という記述に積極的意味を付与してさえいない。

以上の通り、現行憲法制定時は、どう考えても立法担当者たちは頭の中で、自衛隊のような重武装集団を想定していなかったはずである。加えて、国際法的には死語と化していた「交戦権」を否定したことによって、とてもややこしくなっているのである。

では、憲法制定以後、政府はここをどのように説明してきたのか。日本政府は、九条二項について以下のように説明している。


「ここにいう交戦権とは、戦いを交える権利という意味ではなく、交戦国が国際法上有する種々の権利の総称であって、相手国兵力の殺傷及び破壊、相手国領土の占領、そこにおける占領行政、中立国船舶の臨検、敵性船舶のだ捕等を行うことを含むものであると解している」

「他方、我が国は、自衛権の行使に当たっては、我が国を防衛するため必要最小限度の実力を行使することが当然認められているのであって、その行使は、交戦権の行使とは別のものである」

（政府答弁書　昭55・10・28）


整理しよう。日本国憲法における交戦権という概念は、

①相手国の領土の占領、占領行政
②船舶の臨検・拿捕

③相手国兵力の殺傷及び破壊
④自衛権行使としての海上輸送規制

という国際法上行使できる種々の権能の総称である（ちなみに、①がもっとも相手国の主権に対する侵害性の強度が高く、④にいくにつれ低くなる）。

我が国では、交戦権は否認されているものの、交戦権とは別物の自衛権を必要最小限度の範囲で行使できる。一方、我が国政府による憲法解釈上、我が国が憲法上許容される自衛権の行使としてとることが可能な措置は、③と④までである（！）。①と②については、必要最小限度を超えるため、我が国では行うことができない。

すなわち、我が国は、九条二項で「交戦権」を否認しているにもかかわらず、交戦権の行使とまったく同じ措置である③と④を「自衛権」の名で行い得るということになる。

これは、本来③と④の措置をとれば、九条二項で否定されていた交戦権の行使にあたり禁止されるはずなのに、「自衛権」に由来しているがゆえに、九条二項には反しないとしている。同じ行為を「交戦権」由来で説明するのか、「自衛権」由来で説明するのかでOKになったりNGになったりするのはおかしい。しかも、由来といっても石鹸が「天然素材由来」か「化学製品由来」かという話をしているのではなくて、「軍事」に関する国家の権能行使の話をしているのだ。

交戦権は否認されていても、同じことを自衛権のポケットから密輸入すれば、交戦権の行使と同じ措置がとれるというのである。「自衛権」とは、まるでドラえもんのポケットのようにどんな解釈でも引き出せる魔法の概念なのだろうか。

また、政府は以下のような答弁もしている。

「おわかりにくいかと思うのでありますが、**自衛のための交戦権というものをもしお考えくださるなら、つまり限界のある交戦権というふうにお考えくださるなら、それを交戦権と申して一向にかまいません**。私は、その本質が違うものは、中身の違うものは、自衛行動権というような名前で唱えるべきものであって、その憲法の禁止している交戦権とは違うというふうに思っておるものですから、そう申し上げたわけですが、**自衛権からくる制約のある交戦権だ**というふうにお考えいただいても、それはけっこうでございます」（第61回国会参議院予算委員会会議録第3号9頁、昭44・2・21、高辻正巳内閣法制局長官）

冒頭に断りが入っている通り、とても「おわかりにくい」答弁である。何が自衛権で何が交戦権なのか、一向にわからない。しかも自衛権行使は「制約のある交戦権」と言ってしまっているではないか。それは九条二項で禁じられているものではないのか？　名前が変わればOKなのだろうか？　稲田元防衛大臣よろしく、九条に抵触するから言い方を変えてみました、ということなのか？　いずれにせよ、政府は、我が国の自衛権行使においては、九条二項で否認している交戦権のうち「制約のある交戦権」を行使していると考えてもよいと答弁していることは事実だ。

次の疑問は、では、我が国では自衛権の名で前記の①と②ができないのか、ということである。

結論的には、日本政府は①と②はできないとしている。なぜか。①及び②は、「我が国防衛のため必要最小限度」を越えてしまうからできない、としているのだ。

必要最小限度、という概念は、九条と一三条の解釈から導かれたものとされている。九条が存在しても、座して死を待つことは国民の権利利益を最大限尊重すべき国家には許されず（憲法一三条）、しかし、九条の存在により「必要最小限度の範囲」でのみ自衛権を行使できる、ということだ。つまり、九条の条文にも明記されていない「必要最小限度」という言葉によって、①と②ができないとされている。

ここに最大の欠陥がある。すなわち、九条二項によって「交戦権」を行使する「戦力」は「ない」ことになっているにもかかわらず、そこで否定されている交戦権と同じ行為を「自衛権」を根拠にできるとすれば、まさに「自衛権」の名で何でもできてしまうことになり、これは「交戦権」を否認した九条二項への死文宣告である。しかも、政府ですら、それが「制約のある交戦権」の行使であることを認めている。

軍事に関する権能の行使ゼロをうたったはずの九条を突破されてしまえば、あとは「必要最小限」という言葉しか、軍事に関する権能行使を統制する概念がなく、この概念が憲法上論理必然的な概念でないというのは、あまりに憲法を軽視していないか。いったい九条の規範力とは何なのか。九条二項は軍事権をゼロと言い切った条文ではないのか？

それにもかかわらず、この「九条の重み（＝「必要最小限度」）」によって、自衛権は適切に制限され、軍事的統制は働いていたという言説を聞くことがある。

ただ「九条によって自衛権は適切に制限されている」と考えること、すなわち「必要最小限度」概念による軍事的統制を肯定することは、軍事権を完全に否定し、いわば、先の①〜④については、それ以前の「ゼロ」のところにラインを引いていた「はず」の九条二項の効力を、自分たちで「③と④はできるけど①と②はできない」というラインまで後退させてしまっているのではないか。このこと自体が九条の矮小化であり、権力統制規範としての九条の規範力を減殺している。つまり「本来軍事権ゼロを予定している九条二項はもはや全然軍事統制できる規範になってないけど、現状で①と②ができないって点でちょっとだけ意味あるよ！」ということを自白しているのだ。

それでも「九条で軍事に関する権能がないからこそ自衛隊は統制されている」というのは、もはや「お願い」レベルの念力や神通力の世界であり、その念力を送っているうちに、とうとう安倍政権は集団的自衛権まで解禁してしまった。ドラえもんの四次元ポケットのようにさまざまな解釈を引き出せる便利な「自衛権」の名において。

ないものは統制できない！

立憲主義の眼目は、国家権力の「正当化」と「統制（コントロール）」である。

憲法は国家権力を正当化、つまり、その存在を承認し授権する規範（例えば、国会という機関の立法権という権能を授権し正当化している）であるとともに、憲法自身が正当化し承認した権力を統制し、コントロールするものである。

現状の九条は、この「正当化」と「コントロール」両方の側面から、非常に問題がある。つまり、軍事に関する権能がないものとされている（正当化されていない）からこそ、コントロールがきかないのである。ないはずのものをコントロールするのが不可能なのは当然だ。

話を少し戻そう。九条二項があらゆる軍事組織を保有することを本来は禁止しているという確かな証左がもう一つある。それは、日本国憲法が形作る法秩序が、「軍」という国家権力最大の暴力をまったく予定していないのである。九条が「軍」という暴力に完全な蓋をしてしまったがゆえに、軍を予定した法秩序が日本国憲法からは欠落している。

国家による対外的な暴力が軍事に関する権能だとしたら、国家による対内的な最大の暴力は、国家刑罰権である。国家刑罰権のはじまりは「捜査」であり、終わりが「刑の執行」である。対内的暴力である国家刑罰権については、日本国憲法は憲法三一条から四〇条までかなり詳細な規定を置いている。適正手続きの一般条項、逮捕の方法、自白の強要の禁止、残虐な刑の禁止及び刑事補償まで、とても詳しく規定されている。これは、戦前の警察権力の暴走への戒めでもあるが、われわれが法学部で憲法のこの部分の勉強をするときかなりの部分刑事訴訟法の勉強とオーバーラップするというくらい、密接不可分である。

これとの対比でも明らかなように、九条で軍に関する権能を無力化したために、軍事についての権能を統制する統治の規定が全くない。

裏を返せば、九条を改正するということは、日本国憲法が「軍」という暴力に蓋をし、軍を予定した法秩序が欠落しているという現状に、穴を開けるということなのである。ここに穴を開ければ、「軍」を前提とした法秩序がランプの魔人のように噴き出してきて、日本国憲法が織りなす法秩序すべてに影響を与える。

したがって、九条のみを改正するというような改正はあり得ない。ましてや、九条に何らかの条文を書き加え、「自衛隊」と国語的に明記するだけなどということは、国家最大の暴力たる軍という組織の統制という観点からも、安倍総理の言う自衛隊の地位の承認という観点からも、明らかに本来の理念に悖《もと》るものである。

国際法（国連憲章51条）上、主権国家には（個別的・集団的）自衛権の行使が認められていることは当然だが、国際法上適法と認められた武力行使が（個別的・集団的）自衛権であり当該武力行使が国際法上どのように評価されるかということと、国内最高法規である憲法によって、特に自衛権の行使の範囲（武力行使の発動要件）を規律することとは別に考えるべきである。国内最高法規である憲法によって規律された要件の下で行われた武力行使が、国際法上どのように評価されるかは別問題であるという、それだけのことだ。憲法で自衛権の発動要件を、主権国家がその国の事情で縛ることは、国際法上の自衛権の存在を否定することにはならないし、当然ながら憲法で国際法上の自衛権を否定したり創設したりすることはできないのである。国際法至上主義の立場からこのことを意図的にミスリードして「自衛権の規律は国際法でしかできない」という見解も存在するが、国家の主権を認め、国内最高法規である憲法（=国民意思）によって武力行使の発動を規律することの批判にはなっていない。

「交戦権否認」と「戦力不保持」の解除によるその他の条文への影響

先にも書いた通り、九条の戦力と交戦権の行使を一部でも認めるということは、九条が封印していた「軍事」というモンスターが、日本国憲法秩序という世界に解き放たれるということなのである。

ここからが立憲主義の腕の見せ所だ。この軍事権という国家最大の暴力をどのように制御・統制するのか。次にポイントを列挙してみたい。

①そもそも、九条において、行使できる自衛権を個別的自衛権に限定する。これは、我が国防衛のためにはまず個別的自衛権が必要なのであって、アメリカにつきあって、軍事力上でも追従し、「地球儀を俯瞰」することは我が国の防衛に必要ではないと考えることだ。

②シビリアンコントロール（9条の2、各号）。開戦、自衛隊の行動、等々については、われわれ主権者が口を出したい。そこで、主権者の代表である立法機関たる国会による事前承認を規定する。

③本来、王の執政権であった中から、行政権の一類型として、内閣は、外交等の業務をつかさどっている。とりわけ、「外交と軍事」は当然セットで規定されているものであるが、九条があるせいで、軍隊がないことになっているから、軍事を落としたのである。したがって、九条に穴をあけるのであれば、内閣の権能として、軍事権をもたねばならない（憲法72条、73条）。

④軍を創設するということは、この日本国憲法の法秩序に穴を開けることであるので、軍を前提

として軍法会議（防衛裁判所）の設置が求められる（76条2項）。

軍隊というのは、異常な緊張状態の中で、自己を抑制して過ごすため、軍独自の規律を守る必要がある。組織の自律や、自らで仲間を諮問《しもん》するということ、迅速な事件処理が求められており、自衛隊が事件等に対し迅速かつ的確な処分をしなければ、隊員の士気も下がる。

私は、理論的には、法律改正のみでも防衛裁判所は可能であるとも考えるが、九条との関係性で言えば、九条改正によって軍事権という大きな風穴が開いた場合、「軍」というかなり特殊な生命体を規律するために、日本国憲法内に新たな法秩序が形成されたとみるべきである。

そのように考えれば、法律制定（法律事項）ではなく、新たな法秩序を生み出すものとして、軍法会議に準ずる組織を保持すべきである。ここに改憲が必要かはなお議論の余地があろう。

⑤このほかにも、自衛隊の軍備拡張をコントロールするため、軍事費に関する財政均衡を明記すべきである（89条前後）。ドイツでは、予算から軍の編成が明らかにならなければならないという趣旨の規定で財政的規律を及ぼしている。

⑥そして何より、九条の魂である軍縮の理念を明記すべきであろう。九条の改正は、絶対に軍拡にベクトルを向けてはならない。

軍隊を使うのはとっても大変

九条という、戦力の不保持と交戦権の否認をクリアするためには、非常に複雑で多方面にわたる大改正が、論理的に必要であることはご理解いただけただろうか。そしてもちろん、条文操作だけではなく、九条が改正されれば、日本が選択する安全保障体制にも新たな決断を迫られ、世界、そして東アジアの中でどのように生きていくかの政策パッケージまで用意せねばならないだろう。法の条文だけの問題ではないのだ。

軍事に関する権能は、本来憲法によって統制される対象である。これが解禁されれば他の憲法規定に影響を与えるため、厳格に統制せねばならない。ゆえに、改正案も本来は重厚なものにならざるを得ない。

この点、安倍加憲は単に、九条に「自衛隊」と明記するのみである。このことが憲法を取り巻く価値観や自衛官の身分保障にとってさえどれほどマイナスかは、おわかりいただけたと思う。消火器の栓を抜くのが大変なように、軍事に関する権能を行使するということは、最終手段であり、本来簡単に行使できるものではない。

既述の通り、対外的な国家による暴力が軍事権だとしたら、対内的な最大の暴力は、国家刑罰権である。これの最たるものは「死刑」であるが、死刑に処するときも、そもそも捜査から、公判においても非常に厳格な手続きを踏む。これとちょうどパラレルである。

これらをすべてパッケージで提案できれば本物である。

改憲提案としてどれだけ安倍加憲が欺瞞的なのか、おわかりいただけたであろうか。戦後向き合うべきであった問題に目をつぶり、むしろその問題群に蓋《ふた》をして、「何も変わらない」という言葉によって固定化してしまう。九条というセラミックの蓋を虫歯にかぶせた結果、そのセラミックの下で虫歯は進行し、集団的自衛権にまで達した。でも九条というセラミックはそのまま、外見だけはとてもきれいだ。

だがこれでいいのか。さすがの九条も集団的自衛権まではカバーできず、美しいセラミックの蓋に綻びができたからといって、その上に集団的自衛権まで覆う偽りのセラミックをかぶせることに同意できるのか？　大事なのは根本的な虫歯の治療であるはずだ。

真に改憲と向き合うなら、これらを「労力」や「政治的コスト」などと言わずに、熱く議論し、よりよいビジョンからの条文を模索して、軍事に関する権能の行使を統制する立憲的国家として歩みだすための、大人の議論をしなくてはならない。

北朝鮮有事がある今、「改憲をしている場合ではない」などと言う政治家もいるが、ただの政治的怠慢である。今まで何をしてきたのか。改憲を党是としている与党の人間が改憲のハードルなどというが、一度でも発議にトライしてから言ってほしい。

また、さらなる熟議が必要だ、という意見もあるが、これまた「今まで何をしてきたのか」と問いたい。政治のスピード感はとてつもなく早い。私自身生前退位の特例法の議論のときに、数時間後に書面が必要であったり、数十分後の交渉のために打ち返し案をその場で考える、といったことを目の当たりにしてきた。希望の党の誕生と衰退は容体が急変する患者のように数時間ごとに変化したではないか。そのような政治の世界で「時間をかけるべき」というのは「やりたくない」とほぼ同義ではないだろうか。

以上のように、安倍改憲提案は、本来変えるなら正面から向き合って変えるべきである点には手をつけず、「変えても変わらない」と言いながら、一方で従前の不都合な真実を固定化させ、制御不可能で手に負えない（uncontrollable）変更事項が出てくる可能性があるという、倒錯した改憲提案である。倒錯しているということは、すなわち、無意味であるばかりか有害である。

タダより怖いものはない

〝変えても変えなくても変わらない〟はどこか〝タダより怖いものはない〟と似ている。後者は「怖いものなんだ」という正体を自白しているだけ正直である。

安倍政権になってからというもの、繰り返し巧妙な嘘と言い換えがなされてきた。

安保法制においては「（集団的自衛権を禁じた昭和47年政府見解の）基本的論理は変わらない」「自衛隊のリスクは上がらない」「専守防衛はいささかも変更はない」。共謀罪では「テロ対策」「〝一般人〟は対象にならない」「準備行為がなければ捜査しない」「構成要件は厳格化した」。「戦闘」→「衝突」（南スーダン日報問題）、「墜落」→「不時着」（オスプレイ墜落問題）、「政策の公約違反的な撤回と変更」→「新しい判断」（消費税引き上げ延期）。そして極め付けが「改ざん」→「書き換え」（森友・加計両学園をめぐるスキャンダル）。これ自体が言葉（信頼）を改ざんしてしまった（！）という意味で極め付けである。

このように言葉を弄ぶ安倍政権列車の最終到着駅が憲法改正、端的には九条改正である。

なぜ〝タダより怖いものはない〟かといえば、一見まったくリスクがなさそう、否、むしろ得しかなさそうな〝タダ〟を引き受けた瞬間に、通常のやりとりであれば必ず存在するはずの目に見える対価関係（アンパンを百円で買う、といった関係）を超えた無尽蔵の義務を負ってしまうのではないか、という含意が込められているからである。つまり、「リスクがなさそう・得しかなさそうなものは、見えない無限の対価的義務を負う可能性（危険性）があるぞ」ということを裏から表現している。

そのような意味で、「変えても変わらない」という標榜《ひょうぼう》の裏にある、上記のようなまったく予期できない変更可能性やリスクと、この表面的には耳に快いキャッチフレーズに内在する、国民の大多数の「憲法へのニヒリズム・不信・無関心」に対するコンセンサス集約への手招きは、かけあわせるとまるで、ギリシャ神話において、英雄オデュッセウス一行を惑わせたセイレーンの歌声のように、問題を議論することを避けながら、大衆の感情に訴えかけるようにも思われる。

その意味では悪魔的な改憲提案であり、敵ながらあっぱれと言わざるを得ない。

（安倍首相は、いわゆる護憲派が、「政府解釈に基づいて、日本国が行使できる自衛権には『必要最小限度』という、憲法九条二項の〝制約〟がかかり、わが国の自衛権は「適切に」制限されている」という論理を、そのまま返す刀で利用している。つまり、護憲派は安倍加憲を九条二項の制約がかからなくなる！　と批判した瞬間、自分たちが依拠していた、「九条によって日本の軍事力は抑制されている」という論理をみずから否定する結果に陥る。いわば、「毒まんじゅう」的な論理を駆使した加憲案という面でも悪魔的だ）

知恵に富んだ英雄オデュッセウスは、セイレーンの歌声にも惑わされなかった。キャッチフレーズと大衆心理への訴えかけによる「悪魔的な加憲案」に対して、惑わされないための憲法論議はあり得るのか。

このセイレーンの歌声は、法や政治やこの社会への無関心であり、不信であり、つまるところニヒリズムに訴えかけるのである。我々はこのセイレーンの歌声に、耳栓をして帆柱に体を縛り付けるのではなく、もっと積極的にこの局面を打開しなければならない。耳栓をすればするほど、すなわち問題から目を背け、法や政治や社会への無関心な態度を続けるほど、セイレーンの歌声は大きくなり、ニヒリズムはこの社会を覆いつくすだろう。

そう、このニヒリズムを乗り越え、憲法と人間、そして人間の織りなす社会への信頼を取り戻すべきだというのが、改憲議論も含めた憲法論議に不可欠な視点である。

「いや、国民は憲法を信頼している」「憲法を信頼しているという人が多数だ」という反論が聞こえてきそうだが、それはあまりに楽観的でナイーブな感覚だ。

〝自己を尊重してもらうためには同じくらい他者を尊重すべし〟という立憲的ないしはリベラルな感性、言い換えれば、この世の中では誰しもが違った、多様な価値観を有しながらも共生のためにもがいているのだということを前提に、自分の考えを絶対視してはならないと思うなら、自分の感性や感覚だけが絶対だとは断言できないし、すべきではないはずである。もし、「憲法は社会の信頼を得ている」と一〇〇％断言するのであれば、それは、何か大事なものを見落としているか、自分と意見を異にする他者の存在を〝あえて〟見ようとしていないとも言える。

この視点に立てば、おのずと「とにかく一文字でも変えるために変えやすいところを変える」という改憲や、現状の憲法への不信の存在に目をつむる純粋な「護憲」もこの状況に対する回答にはなりえないだろうということがわかるはずだ。

「法の支配」と法への信頼――ニヒリズムを超えて

日々法律実務に携わっていると、「この契約書（合意書）、破られたときってどうするんですか」という質問を受ける。

日本社会は、かろうじて「安心してください、この約束は法によって守られていますので、裁判をして、最終的にはその判決で強制的に契約を守らせることができます」と言える社会だ（もちろん債務者の無資力の問題はおく）。このやりとりこそが法治国家、法の支配の発現であり、これらを支える法への信頼である。

トランプ政権が誕生してまもなく渡米したときに、西海岸の同性愛者の人が、「明日ヘイトクライムにあわないか、警察が家にこないか、本当に心配している」と語っていた。

法が守られることへの信頼は社会への信頼に直結し、その社会で共生する「人」への信頼を醸成している。この信頼を欠いた瞬間に、社会への信頼は失われ、そこで共生する人々同士が相互不信に陥り、共生社会全体が崩壊するのである。

法への信頼は、この社会での多様な個人の共生と表裏の関係であり、法に対する信頼がなくなった社会は、共生可能な立憲的社会ではいられない。トランプへのアメリカ国民の肌感覚、特に少数者や弱者の感覚は、このことを如実に物語っている。

学校での銃乱射のあとに「教師が銃を持てばいい」と言ったトランプの発言に内在するのは、まさに近代立憲主義が克服しようとした「万人の万人に対する闘争」という報復の連鎖に、社会の共生の存立条件を丸投げする時代へと、時計の針と精神を巻き戻すという、極めて深刻な問題を孕《はら》んでおり、その限りで、彼は法が形作る共生社会への敵である。

ここで、法への信頼と法が形作る社会やそこで共生すべき多様な個人同士の信頼というのは、憲法を議論するにあたっても通奏低音として横たわる、看過できない問題であると考えている。法、憲法、社会、そして個人への信頼というキーワードは、我が国の憲法論議が熟すためのエッセンスではないか。

法律家は何であるべきか

法律家は法律のプロなのであって、例えば契約書を作成したときに、その契約書の規律が緩かった等の落ち度によって、紛争を生じさせたり、依頼者に不利益を被らせた場合は、その責任を問われる。民事において我々の言動で依頼者の財産をゼロにする可能性すらあるし、刑事事件ではもちろん、被告人の命まで我々法律実務家の言動に左右されることがある。

二〇〇九年にイタリアで三〇九人の方が亡くなったラクイラ大地震が発生した。その数日前に、群発地震は大地震につながらないと発表した国家委員会の科学者たちを、なんと裁判所は死亡者拡大につながったとして、一審で有罪にしたのだ。研究者とはいえ、自身の研究成果と現実の事象への因果関係において、ここまでの責任を負わされ得る緊張感。この判決は二審では逆転無罪となっているし、科学裁判的色彩も含めて法的にも深刻な問題が存在するので、ちょっと行き過ぎ感は否めないとはいえ、非常に象徴的である。

果たして、憲法について憲法改正論議を自分なりに考え自ら思考しようとする人間に対して、

「憲法サロン」にもならない「改憲論戯」などと揶揄する憲法研究者は、自身の言論に対して、ここまでの責任をもって発言しているのであろうか。法律家は自身の言動で人の財産や生死にコミットする。もっと言えば、よくも悪くもこれらを左右してしまう「力」を持っている。これは断言できる。ここでは書けないが、私も法律家を続けるか迷うような忘れられない経験をしたことがある。法律家が法を語るというのは、それくらいの責任と正負両面の力を引き受けなくてはならない所業である。

それでも、何とか憲法論議が新たなマーケットに届かないか、これまでとは違う切り口で人々に伝えられるのではないかと試行錯誤しているのは、法やこの社会や、ひいてはこの社会で共生しようとする多様な個人を信じているからである。

憲法を守らない人間は、より厳格な憲法に変えても守らない。憲法裁判所を創設しても、きっと政府のお墨付き機関に堕す。九条を変更すれば、我々は軍国主義への道を歩む。これらの主張の中で、他人ごとのように語られる主語の一人称は、我々一人ひとりである。実は、憲法の規範力を信じ憲法は誰にも開かれていると標傍する人こそ、憲法やそれを支える社会及び個人に対する信頼を持っていない。いわば、究極のニヒリズムがそこには潜んでいる。これが、我が国の憲法論議に潜む、第二のニヒリズムである。

憲法は、一般市民からも法律専門家からもニヒリズムのまなざしで眺められている。そこにあるのは、この社会への不信・無関心であり、憲法論議が誰の手に任されても国民がニヒルであることとは、現在の日本社会が立憲民主主義の危機に直面していることと無関係ではないのではないだろうか。

立憲的改憲論――「立憲」を取り戻すのに「改憲」は短絡的か

憲法論議が敬遠される理由として、「難しい」「私たちの生活とは遠い」といった理由がある。

これは、憲法が抽象的で難解な法であることだけが理由なのではない。我々の社会の中で生起している事象、すなわち、より多様なグラデーションで細分化された道徳観や性への意識、格差の拡大、真の意味での個人の尊厳に配慮した「働き方」へのまなざし、排除・画一化とヘイトスピーチ、窮屈《きゅうくつ》な監視社会化、ゆがんだ報道と報道の独立性、弛緩《しかん》した権力に接近するための情報の開示、世代・性別・人種・地域といった多様できめ細やかな民意の反映、軍事力の膨張、種々の「違憲状態」の放置……といった社会的病理現象、および我々の現実の生の諸問題に対して、憲法が現実的で豊かな回答を与えてこなかったことが大きく起因していると考えられる。

すなわち、我が国での憲法問題といえば、まずもって九条のみに焦点が当てられ、「日本国憲法（典）」という「紙」を一文字変えるか守るかの議論に終始してしまう。

憲法という法規範自身は、本来、全く相容れない価値観を大切にしている個人が、それぞれ「自分らしく生き」ながら「共生」を図るという、ある種の矛盾を克服するための、極めて包容力の高い寛容な法規範のはずである。しかし、ひとたび憲法が議論の「対象」になると、激しい思想的分断を生み、人々からも遠のく。日本国憲法が、戦後日本の公論・思想空間の分断を助長したといっても過言ではない。

現代において憲法の包容力を再生させるためにも、この分断を超え・治癒する、誰もが当事者であるという憲法論議を育んでいかなければならない。

憲法の本来の包容力の源泉は、憲法を憲法たらしめている自由や権利、そしてそれを保障するための厳格な権力統制の仕組みといった普遍的価値（＝立憲主義）である（日本国憲法前文、13条、97条）。憲法論議も、この価値を社会の中で実践するにはどうすべきか、という大命題からスタートすべきである。

重要なのはこの憲法的な価値を守ることであって、「憲法典」という今ある成文憲法を守ることではない。もちろん、「憲法典」の変更は大きな法的・政治的インパクトを伴うのであるから、ただただ条文の文字が変わるか否かに着目するのは近視眼的すぎるし、「憲法典」の変更がどのような法的・政治的意味を有するのか（安全保障環境、財政状況等々）をパッケージで構想しなければならないし、それが「リアル」でなければ説得的ではないであろう。

改憲論議も、いわゆる憲法が掲げる諸価値や権力統制を強化するために改正が必要か否かということを「リアル」な視点で進めていくべきである。この視点が「立憲的改憲」である。

憲法裁判所の創設を

憲法の規定は合憲か違憲かの判断基準を提供する。しかし、判断基準だけでは、違憲の状態を是正できない。つまり、大事なのは基準違反の是正を担保する「実行力・執行力」である（民事では強制執行、刑事では刑の執行により担保されている）。これが伴ってこそ、法規範の実効性が生まれる。

今までは、日本国憲法は、まさに「公正と信義」を信頼して運用されてきたため、細かく規定しなくてもその「行間」を「抜け穴」として行動する為政者は幸いにも現れなかった。しかし、安倍政権の登場により、「行間」は「抜け穴」と読み替えられ、そのエアポケットで権力者は縦横無尽にふるまっている。「行間」の番人であった内閣法制局も今や人事を通じて骨抜き状態となり、機能していない。安保法制、共謀罪、臨時会の召集などは「憲法違反」とされながら、それが放置され是正もできないでいる。憲法が無きものにされている、完全な異常事態だ。「違憲」と判断されることもお構いなし。だから「違憲」のハードルを下げた（違憲と判断しやすくする）ところで、守られなければ変わりはない。これを強制的に是正する「仕組み」が必要である。ゆえに私は「憲法守れ」だけではなく、「守らざるを得ない憲法に変えろ」と叫びたい。具体的には、憲法裁判所の創設によって憲法の規範性・強制力を担保すべきである。権力者に対して憲法を「強制執行」するのだ。

憲法裁判所の一つの代表的モデルとされるドイツで、二〇〇九年に基本法（憲法）制定六〇周年にあたって「国民が信頼する制度」について大規模なアンケートを行ったところ、憲法に対しては国民の九一％が、そして憲法裁判所に対しては国民の八六％が信頼すると回答したという。これは、政府への信頼が同五〇％、政党への信頼が同二三％という数字を出すまでもなく、憲法への国民の信頼が極めて高いことがわかる数字だ。

これだけドイツ社会において憲法が信頼されているのは、その憲法規範を執行する憲法裁判所の存在が大きいのではないか。規範とそれを実行する機関に対する信頼は表裏一体のはずだ。六〇回を超える改正を経てもなお、ドイツの憲法「ドイツ基本法」にこれだけの国民の信頼が寄せられていることは、憲法改正することでむしろ憲法の信頼性が増す可能性を教えてくれる。ただし、もちろん改正の中身が重要なのは言うまでもなく、憲法の規範性を高め、権利保障の実効性をより確保する憲法裁判所を設置する憲法改正は、権力統制規範としての憲法の復権には不可欠だろう。

憲法裁判所では、法案成立前の事前審査を可能にするとともに、国民や野党からの付託権によって、事後的な憲法判断もより積極的に行うことが可能なよう設計する。人事についても、三権が独自に候補者をリスト化しそれぞれ推薦する。内閣法制局の例や行政権の抑制の観点からすれば、それぞれの機関からの推薦人数に傾斜をつけるべきだ。それをさらに各政治勢力から平等の配分で構成された独立の人事委員会が吟味してもよいだろう。最終的には国会の特別多数による議決を要求することになる。

司法官僚組織とは独立した憲法裁判所の創設は、最高裁改革にも着手することを意味し、ここに真の司法制度改革がスタートするだろう。我が国における最高裁と政権与党のあいだの、〝法律に違憲判断をしない代わりに最高裁には手を突っ込まない〟という緩やかな「共謀」は、司法権の独立と権力統制機能を画に描いた餅に帰せしめつつある。そしてこのような改革案は、野党こそ提起できるものではないか。

憲法院が法案の事前審査権能しか持たなかったフランスにおいて、二〇〇八年の改憲により、事後審査制である合憲性優先問題（ＱＰＣ）が導入され、一定以上の評価を受けている。二〇一三年にＱＰＣ手続施行三周年として作成された下院の報告書には「訴訟の当事者は国の最高法規を取り戻した」「憲法が市民の手に取り戻されようとしている」などの表現が躍った。この帰結は、まさしく今の日本社会にこそ求められているものではないだろうか。我々もこの国の最高法規を取り戻し、憲法を一人ひとりの手に取り戻さなければいけない。

小括

以上、安倍加憲提案、現行憲法の議論状況、そして、それを乗り越えるための立憲的改憲の提案について、俯瞰《ふかん》した。

護憲であれ、安倍改憲であれ、立憲的改憲であれ、改憲という超重量級の議論は、それなりの責任と覚悟が必要だ。憲法とは生活から「遠い」存在である一方で、私たちが生きる社会やそこに生きる我々一人ひとりの人生を構想するという点で、本来は「身近」でなければいけない。まったく相反する要請が働くのが憲法論議なのである。

何はともあれ、決して失ってはいけないのは、法への信頼であり、社会への信頼であり、そこに生きる全く違った他者と自己への信頼である。これらが失われた個人は生きるモチベーションさえ失われ、社会の活力は消失する。そんな社会になれば、法は社会に規律をもたらすこともできず、まさに「紙切れ」となってしまうだろう。

私は今の日本社会（だけではないが）にはそうなってしまう危機感を強く感じている。これほど危機的な状況を招いてしまった以上、戦後の思想史の伝統について懐疑的な思いすら抱く。すなわち、本当に日本の古き良き保守概念はあったのか、戦後リベラル及び知性的なるものはあったのか、頭がグラグラしているくらいだ。

立憲的改憲は、これらの源流を再度探訪し、きっとあったはずのそのようなわれわれの社会の営みを再調達して、新しい時代へと接合する冒険のようなものだ。何かがあるかどうかはわからない、それはリスクもあるのかもしれない。しかし、歩き出すしかない。少なくともこの社会に生けるプレイヤーを信じているのならば。

第二部

びんぼっちゃまくんと民主主義と九条

九条の命運

駒村圭吾

（二〇一八年二月四日講演　東京・大崎）

びんぼっちゃま君と民主主義

駒村でございます。慶應義塾大学で憲法を教えています。よろしくお願いいいたします。道場と伺《うかが》っていたんですが、来てみるとどこにも畳がない。人事労務会館という、非常に市民運動的な匂いのする場所で意表を突かれております（笑）。道場と申しますと、師範がいて、門弟がいて、あと道場破りがやって来るかと思いますが、本日やって来たのはそのいずれでもありません。

やって来たのは、小林よしのり先生をマンガ家としてとても評価しているからでありまして、寺子屋の帰りに道を歩いているとワイワイガヤガヤとやっている道場があり、ふと目をやると、かのよしりん先生がおられるではないか、ちょっと覗いていこう、こういう次第です。実は今日、小林先生のマンガ作品を一冊持ってきました。サインがいただけるんじゃないかと期待していたところ、案の定、先ほどサインをしていただきました。これで今日ここに来た目的の八割方は済んだので（笑）、あとは気楽にやらせていただきたいと思います。

さて、サインの際、絵を描いていただけるというので、私は迷わず名作『おぼっちゃまくん』の中の「びんぼっちゃま」の絵をお願いしました。びんぼっちゃまというのは、皆さんよくご存じかと思いますけれども、おぼっちゃまくんのライバル的な役割で登場するキャラクターです。貧乏でも、一応、ぼっちゃまなので、スーツを着ています。でも、生地が足りず後ろが全部ない。正面は七五三みたいな装いですが、後ろ姿はお尻まで出しているかわいいキャラクターです。私はそれが非常に気に入っていて、日本マンガ界の生んだ三大キャラクターの中の一人じゃないか、と思っています。

実は、びんぼっちゃまの話をするのは、必然性がございます。びんぼっちゃまは、貧乏なんですけれども、表向きはとてもふくよかな、健康そうな男の子なんです。しかし後ろは、肩から背中、お尻にかけて全部丸出し。これ考えてみますと、今の民主主義と非常によく似ていると思うんです。つまり、表層は豊かであるが、何か肝心なものが欠落している。欠落しているだけではなくて、本来見せたら恥ずかしいものをさらけ出してすらいる――それは、今の世界各国の民主主義と共通しているんじゃないか。

普通でしたら、欠けてる部分をちょっとずつお金を貯めてツギ当てをしようと考えるんですけれども、びんぼっちゃまくんは、それを一切しないで、さらけ出したままなんです。

しかし、びんぼっちゃまには、まだ救いがあるんです。彼は、「落ちぶれてごめん！」というセリフを吐けるだけの自覚があるんです。欠落している部分があることや隠すべきものをさらしていることに対する原罪を感じているんですね。

それに対して、どうも最近の主要国では、アメリカの大統領も含めて、お尻丸出しでも恬《てん》として恥じないという状況です。恥じないどころか、むしろ逆に、そのことがチャーミングに見えるという時代になりました。ポピュリズムの本質とはそういうことだろうと思います。

砂川判決の衝撃

そろそろ憲法の話をしないといけません。〝九条の命運とびんぼっちゃま〟といった内容でお話をさせていただきます。あとでまた、びんぼっちゃまに戻ります。

憲法九条といえば、一九五九年（昭和34年）に下された砂川事件に関する最高裁大法廷判決が有名です（最高裁大法廷判決昭和39年12月16日刑集13巻13号3225頁）。きょうはこれを手がかりに、九条の命運について、思っているところをお話させていただきます。

砂川事件がどんな事件だったか、ちょっとだけ説明しましょう。

私は東京の中心地で生まれて、小学校に上がるときに立川市に移住し、当時の「立川市砂川町」というところに住んでいました。後に、「若葉町」という、高度成長を象徴するような面白くもおかしくもない名前に変わるんですが。小学校、中学校と防音校舎でありまして、その後自衛隊に移管される過程も含めて、米軍の基地を見ながら育ちました。

砂川事件が発生した一九五〇年代、私はまだ生まれておりませんので、この事件を直接知っているわけではありません。が、一応第二の郷土であり、非常に強い思い入れがございます。

一九五〇年代に朝鮮戦争が勃発し、米軍は大型の軍用機を投入する必要があった。大型機を飛ばすには滑走路が足りないということになります。滑走路延伸のため、当時の砂川村に基地の拡張工事をしようということになったわけです。農民や学生、労働組合の人たちが、これを阻もうとし、砂川闘争が始まったわけであります。この砂川闘争は、ご案内の安保闘争の前哨戦になるような、非常に大きな市民運動、抵抗運動だったわけです。

ところが、その抵抗がちょっといきすぎまして、何名かの運動員が立川基地の中になだれ込んでしまったんです。これは不法侵入ということになります。通常の犯罪で処罰されるものだったんですが、政府はもうちょっと重く処罰しようと、日米安全保障条約の下で定められた特別刑法でこの人たちを逮捕・起訴するということになりました。それに対して、被告人たちは、そもそも日米安全保障条約自体が憲法九条に違反して違憲無効なんだから、その下にある特別刑法も違憲無効であり、自分たちを起訴をする根拠がない、と争ったわけです。

第一審判決が東京地裁で下されます。これが一九五九年の三月末です。非常に衝撃的な判決でございました。東京地裁は、憲法九条は、戦力を持つことができないと言っている。ところで、米軍は戦力だ、だからこれは憲法に明らかに違反するんだ、と。被告は無罪だという判決が出たわけです。担当裁判官は、伊達《だて》秋雄さんという方でした。その方にちなんで「伊達判決」と呼ばれています。憲法ができてまだ日が浅いうちに、駐留米軍は憲法違反であるという判断が、地裁の判決ではあるけれども、出たわけであります。

ショックを受けたのは政府でございまして、「これはまずい」と思ったわけですね。というのは、翌年の一九六〇年一月に安全保障条約の改定が政治日程にのぼっておりました。この判決をほったらかしにして、まかり間違って最高裁が違憲無効だと言った場合、果たしてどうなるんだろうか、と。それで慌てて、第一審判決に対する特別上告をし、この事件をすぐに最高裁に係属《けいぞく》させました。六月ぐらいから最高裁で、さあ、これをどう扱おうか、という議論が始まっていくのであります。

この年の一二月に最高裁判決が出ました。巷間《こうかん》、この判決は、≪裁判所は日米安全保障条約の合憲性について判断をしない≫ことを明らかにしたと理解されております。なぜなら、日米安保は高度な政治性を持った政治問題（あるいは統治行為）であって、裁判所はそのような高度な政治性を持った国家行為の合憲性については判断をしないんだ、としたわけです。いわゆる政治問題の法理あるいは統治行為論という考え方を採用したのが、この砂川判決です。

よみがえる砂川判決

この砂川判決は、もちろんいまだに覆されていないわけですが、最近になって、たびたび私たちの目につくようになりました。記憶に新しいのは二〇一四年から一五年にかけての安保法制をめぐる議論のときに、自民党副総裁の高村《こうむら》正彦氏が砂川判決に言及したことです。

砂川判決を高村氏はどのように用いたのか。同氏によれば、この判決は、日米安全保障条約のような高度に政治的な問題の憲法適合性については裁判所は判断をしないと言っているんだから、それは結局、内閣と国会つまり政治部門の憲法判断に国民は従わなければいけないことを意味する、そういう判決なのだ、というのが第一点であります。

もう一点は、この判決の中で、わが国は自国を守るために「必要な自衛のための措置」はとっていいと書いてある。そこには特に限定や条件は書かれていないのだから、この「必要な自衛のための措置」の中には個別的自衛権と集団的自衛権の両方が入っている。したがって、最高裁は、この砂川判決で、憲法九条が集団的自衛権を認めていることを明らかにしているのだ、と高村氏は示唆しました。

もちろんこれは、政府解釈の変更に行き詰まった与党が、砂川判決にすがって、最高裁も政権政党の考え方を認めていると強弁したものでありました。無理スジであることはすぐに明らかになり、その後、自民党内部や公明党からも批判的な声があがり、憲法学界からも痛烈な批判を浴び、例の長谷部恭男《やすお》・早稲田大学教授が記者クラブの会見などで完膚なきまでにこれを論破することになります。自民党もさすがにこの砂川判決の旗を降ろしたわけです。

きょうはこの砂川判決をもう一回読んで、そのエッセンスをおさえておきたいと思います。

私の読解によれば、本判決には、憲法九条を取り巻く三つの命運が刻印されており、今日においてもこれら三つの命運がわれわれをいろんな意味で支配している、ということをご理解いただきたいと考えております。

命運その一　九条が許容する安全保障オプション

まず第一点。皆さまにお配りした資料がございますが、この資料は砂川判決のテキストをおよそそのまま引用して貼り付けたものであります。高村氏が最高裁も集団的自衛権を認めているんだと言うとき、その根拠になったと思われるのが次の箇所です。ちょっと読み上げてみます。

『わが国が、自国の平和と安全を維持しその存立を全うするために必要な自衛のための措置をとりうることは、国家固有の権能の行使として当然のことといわなければならない』

この部分を捉えて、高村氏は集団的自衛権も含めて必要な自衛のための措置をとり得ると最高裁は言ってる、と読んだわけですね。しかしこれが成り立たないことは、この文書の続きを読めば明らかであります。

『いわゆる戦力は保持しないけれども、これによつて生ずるわが国の防衛力の不足は、これを憲法前文にいわゆる平和を愛好する諸国民の公正と信義に信頼することによつて補い、…略…そしてそれは、必ずしも原判決のいうように、国際連合の機関である安全保障理事会等の執る軍事的安全措置等に限定されたものではなく、わが国の平和と安全を維持するための安全保障であれば、その目的を達するにふさわしい方式又は手段である限り、国際情勢の実情に即応して適当と認められるものを選ぶことができることはもとよりであつて、憲法九条は、わが国がその平和と安全を維持するために他国に安全保障を求めることを、何ら禁ずるものではないのである』

自衛のために必要な措置は取れる。けれども、憲法九条はわが国は戦力を持つことはできないとも言っている。が、戦力に欠ける部分、その欠落した部分を外国に頼んで補ってもらうことは認められる、と言っているわけであります。日本が集団的自衛権を持っているとは一ミリも言っていません。日本に欠落する部分を、同盟国の集団的自衛権で補うことは認められてますよ、と言っているにすぎないわけです。

そもそも争点は日本の自衛隊ではなく、駐留米軍の合憲性でございますので、その駐留米軍についての憲法解釈を展開したものだと読むのが判例の正しい読み方です。以上を総合しますと、この判決は、日本の自衛隊の集団的自衛権行使を認めたのではなくて、日本が戦力に欠けている部分をアメリカの集団的自衛権を使って補うことは憲法は禁止していないと、こう読むべきである。これが、憲法学者たちのごくごく普通の読み方です。

が、本日はそのことではなく、今、私が読み上げたところにもう一つ重要なことが書いてありまして、そちらの方なのです。もう一回読んでみますと、

『…そしてそれは、必ずしも原判決のいうように、国際連合の機関である安全保障理事会等の執る軍事的安全措置等に限定されたものではなく、わが国の平和と安全を維持するための安全保障であれば、…（略）…憲法九条は、わが国がその平和と安全を維持するために他国に安全保障を求めることを、何ら禁ずるものではないのである』

ここにある、国連の安全保障理事会による〝軍事的安全措置〟とは集団的安全保障のことで、集団的自衛権行使とは違う概念です。世界が国際法の下に結集していて、違反国に対しては国際法の名の下に国連のリードにより制裁を加えようという仕組みです。上記引用部分は、この国連

による措置だけではなく、同盟国に助けを求めることも同様に取り得る手段だということを認めているんです。つまり、国連中心での安全保障を図る道だけではなくて、特定の国と同盟関係を結んでわが国の安全を守るということも、九条の下では、ほぼ対等な選択としてあるんだということを最高裁は言ってのけたことになります。

憲法が出来上がった一九四〇年代後半というのは、世界中でもう戦争はこりごりだということで、国連の下に強固な安全保障の仕組みを作った。その下に日本も入る。だから日本は、個別的自衛権も含め、丸裸になったんですよという説明を、制憲議会の答弁においても、政府は行っていた。

一見すると空想的、理想主義的な安全保障のあり方が非常に多くの共感を呼んだというのは、やっぱりこれからは国連の時代になるんだという高揚感が敗戦直後の日本にはあったからに他なりません。実際に日本国憲法の前文を見ますと、「平和を愛する諸国民の公正と信義に信頼して、われらの安全と生存を保持しようと決意した」とあり、「平和を維持…（略）…しようと努めてゐる国際社会において、名誉ある地位を占めたいと思ふ」と言い、「われらは、全世界の国民が、ひとしく…（略）…平和のうちに生存する権利を有することを確認する」と宣言しております。明らかに日本が取り得る安全保障政策の中心軸は、国連にあったと言えるでしょう。

しかしこの判決は、九条は、国連による安全保障だけではなく、それと対等な水準において、同盟ブロックによる安全保障政策も許容している、と認めたわけです。ですので、判決以前からかかる思考の台頭は進行していたわけですが、国連は国連、それはそれとして、他方で、同盟による安全保障の実現という政策的選択も対等な〝憲法上のオプション〟として取り得るということなったわけです。これが九条の命運の第一であります。

命運その二　法的基盤の不安定化

もう一つの命運は、砂川判決の次のくだりに示されています。

『本件安全保障条約は、前述のごとく、主権国としてのわが国の存立の基礎に極めて重大な関係をもつ高度の政治性を有するものというべきであって、その内容が違憲なりや否やの法的判断は、その条約を締結した内閣およびこれを承認した国会の高度の政治的ないし自由裁量的判断と表裏をなす点がすくなくない。それ故、右違憲なりや否やの法的判断は、純司法的機能をその使命とする司法裁判所の審査には、原則としてなじまない性質のものであり、従つて、一見極めて明白に違憲無効であると認められない限りは、裁判所の司法審査権の範囲外のものであつて、それは第一次的には、右条約の締結権を有する内閣およびこれに対して承認権を有する国会の判断に従うべく、終局的には、主権を有する国民の政治的批判に委ねられるべきものであると解するを相当とする』

ちょっと難しい言葉がたくさんある長い引用になりましたけれども、簡単に言いますと、日米安全保障条約という政策選択は、とてつもなく政治性の高いものだ、と。法的判断しかできない裁判所は高度の政策的妥当性を審査する判断基準を持ちあわせていない、したがって高度な政治性を持った国家行為が法的に許されるかどうかの判断については裁判所はよほどの憲法破壊がなければ判断を控えますと、こういうことなんですね。

高度な政治性を有する問題は、日米安全保障条約問題に限りません。自衛隊の存在そのものもそうだと思います。あるいは、自衛隊が集団的自衛権を行使できるかどうかもそうだと言う人もいるでしょう。

そうなりますと、少なくとも最高裁判所をはじめとする裁判所は、これらの政治問題については法的判断を下さないということになります。砂川判決のこの部分を捉えて、高度の政治問題が全部丸ごと合憲になるのだとか、裁判所は何の口出しもしないんだから、政府と国会が決めた憲法解釈が憲法そのものとなり、最高裁で否定されない限り、政治部門の憲法解釈に国民は従わなければならない、というような言説が流布されました。

しかし、上記の引用をよく読むとこう書いてあるんです。『一見極めて明白に違憲無効であると認められない限りは…』裁判所は口出ししませんと。

つまり、高度の政治問題については口出ししないけれども、「一見極めて明白に違憲無効」であれば、そのときは容赦なく違憲判断をしますからね、と言っているわけです。

ですから、二〇一五年前後の安保法制闘争のとき、集団的自衛権の限定的行使を容認した政府の憲法解釈が〝確立〟し、あたかも集団的自衛権に関する解釈論争を安定化させたかのように言われましたし、今もそう思っている方々がおられますが、実は最高裁が集団的自衛権の限定的行使容認を「一見極めて明白に違憲無効」であると判断しない保証はどこにもありません。最高裁はそのような意味で高度の政治問題に関する憲法判断を依然として留保している。実際、かつて最高裁判事を務めた方たちの中には二〇一四年七月一日の閣議決定で採用された集団的自衛権の限定的行使容認は違憲の可能性が高いとおっしゃる方もいる。

裁判所は、われわれが違憲かどうかを判断してほしい争点を、タイミングよくいつでも判断してくれるわけではありません。事件つまり具体的な紛争を起こす必要があるんです。訴訟に乗せるに値する具体的な事件が起きないと裁判所は判断してくれません。

事件を起こしてほしいと言っているわけではありません。仮にどこかの誰かが事件を起こして、それが訴訟として成立すれば、集団的自衛権の限定的行使容認を裁判所が違憲無効と判断する可能性は皆無ではない、と申し上げているわけです。

しかも、砂川判決は、日米安保条約は一見極めて明白に違憲無効ではないから、それ以上判断しないとしたにすぎません。〝一見極めて明白に違憲無効とは言えない〟ということと〝合憲である〟という評価は同じではない。「一見では違憲無効とは言えない」が、「よくよく見ると違憲だった」という判断が出る可能性はあり得ます。

要するに、九条論の下で、合憲性が疑われている高度の政治問題、それには安全保障政策が多いわけですが、それらは法的に安定した基盤の上にあるわけではないんです。実は不安定な位置に立っている。

そうは言ったって、アメリカ軍はいるんだし、一見極めて明白に違憲無効じゃないんだから、合憲ってことでいいんじゃないの、って言う人もいるでしょう。だけど、ある国家行為が合憲かどうかという評価と、取りあえず有効な存在として扱っておこうというのは、別の問題です。

おそらく、明白に違憲無効とされていない現在においては、日米安全保障条約、あるいは駐留米軍、あるいは高度な政治性を有する自衛隊の存在についても、憲法上の疑義はあるけれども、取りあえず合憲性の推定をはたらかせて有効なものとして扱うっていうのが法の支配の原則だと思います。他方、明白に違憲ならば、最高裁の判断があろうがなかろうが違憲であり、すでに述べたように最高裁が違憲と判断する余地も留保されているということになります。

以上が、二番目の命運です。憲法九条の下で、わが国の安全保障政策に関わる高度の政治問題は、実は法的に不安定な状況に置かれております。憲法上の疑義に対してとりあえず裁判所は口を出さないとしても、いつ口を出してくるのかわからない、違憲とは言えないだけで決して合憲ではない、こういったわかりにくい境遇にあるのです。

そのことは、逆に言いますと、安全保障政策の合憲性が不安定化するだけでなく、九条の規範力自体も不安定化するということを意味します。憲法九条が何を意味して、それがどういう形で裁判所で執行されるのかは依然として決まっている問題ではないということになります。

命運その三　主権を有する国民の政治的批判

さて、本日皆さんに最もお伝えしたいのは、次の三番目の命運でございまして、これがとても重要です。先ほど申しましたように、高村副総裁は、裁判所が判断をしないんだから、政治部門の判断に国民は従うべきだ、と示唆するかのような発言をされました。

果たしてそうなんだろうか。砂川判決から先ほど引用した箇所の一部をもう一回読みますね。

『…一見極めて明白に違憲無効であると認められない限りは、裁判所の司法審査権の範囲外のものであつて、それは第一次的には、右条約の締結権を有する内閣およびこれに対して承認権を有する国会の判断に従うべく、終局的には、主権を有する国民の政治的批判に委ねられるべきものであると解するを相当とする』

高度な政治性のある問題について憲法上の疑義がある場合、最高裁はその憲法適合性を判断しない、第一次的には、内閣と国会の判断による。がしかし、終局的には、主権を有する国民の政治的批判に委ねられるべきである、と最高裁ははっきり述べているのです。

内閣と国会の判断はあくまでも第一次的なものにすぎず、終局的には主権を有する国民の政治的批判に委ねるのだという憲法構想を一九五九年の時点で最高裁は大法廷判決の中に書いています。この意味は非常に大きい。

高村副総裁はそこのところをカットして、内閣と国会が決めたら従えと言っていますけれども、最高裁の憲法構想は、国民の政治的批判を巻き起こすような大論争の中で政治部門の判断が揉まれ、その上で定位することで、疑義論争が決着する、それが日本国憲法の姿勢だよ、と言っているんですね。

はっきり言って当時、市民運動というのは、ものすごい逆風の中にあったんです。そもそも、このときの最高裁長官である田中耕太郎は、日本の法学者の中ではとても巨大な存在ですが、本件が最高裁に係属したときに、新聞のインタビュー（1959年6月14日付読売新聞）に答えて、世間の批判は、それが学者の批判だったら聞きますよ、なぜならそれは「雑音」じゃないからと言うんですね。伊達判決を持ち上げている人たちははっきりいって「不快」だと述べています。

これから砂川事件を裁こうという最高裁長官自身が、市民運動に対して、あれは社会の「雑音」だと言う。彼らが伊達判決を支持しているのは「不快」であると新聞紙上で言う。砂川闘争の当事者が被告人の刑事事件をこれから裁こうというのに、裁判が始まる前からある一定の偏見を持っていた。

にもかかわらず、その田中耕太郎長官が主宰した大法廷判決で、終局的には主権者の政治的批判に委ねるという言葉が入ったということは、いろいろな意味で画期的だと言えるでしょう。

さてそうしますと、砂川判決が言う「主権を有する国民の政治的批判」とは一体どういうものを言うんだろうということとなりますよね。

主権を有する国民と書いてあります。これは国民が主権者として登場するシーンなんですね。

私は、国民という地位にもいくつかのフェーズがあると思っています。まず国民は当然、〝主権者〟としてのステータスを持っています。もう一つのステータスは〝有権者〟です。選挙で立候補・投票をする行動主体としての地位ですね。三つ目は〝市民〟として、自由に経済取引をやったり、今日お集まりのように自由に集会を行ったりするという、そういうステータスがあります。

しかし、砂川判決では主権を有すると言っておりますので、これを言葉通りに解釈すると、国民がもろに「主権者」として登場するのは、憲法九六条一項にある憲法改正の国民投票の場合です。だとしますと、砂川判決の言っている高度の政治性を持つ国家行為に関する憲法的な争いについては、第一次的には内閣と国会、終局的には憲法改正の国民投票における国民の政治的批判に委ねる、ということになります。つまり、憲法改正をやらないと解決がつきませんと言っている判決に読めるということです。

しからば、選挙ではどうか。主権者国民が「有権者」として立ち上がる場面、それが憲法一五条の場合ですね。公務員を選定したり罷免することは国民固有の権利であると定めている。この場合はどうか。自衛隊ですとか駐留米軍のような高度の政治性を有する政策の上に立つ存在に関する憲法上の疑義は、憲法改正に訴えることなく、単独の選挙における「国民の政治的批判」で解決できるものなのでしょうか。

「市民」の活性化——最後は「国民の政治的批判」にかかっている

実はアメリカには、別に憲法改正をしなくても、ある一定の条件がそろえば選挙でも憲法が変わったと見ていいんじゃないか、という学説があります。細かい話ははしょりますけれども、アメリカで影響力を持った著名な学者が唱えている学説です。日本にもそれに賛同する研究者が散見されます。

先般の安保国会では、ものすごい喧騒の中で法案が成立しました。その後の一連の国会の行動を含めて、もしあの時に、集団的自衛権の限定行使を含む安保改革の実行を権力に明確に付託する選挙が行われていれば、実質的な憲法変動があったと見なしてもいいんじゃないかという話も出てくるでしょう。その後の自民大勝をもたらした総選挙がそれにあたると見る向きもないではありません。しかし、あのときに、本当に国民的な批判が巻き起こったんでしょうか。

私はそうではないと思っております。政府からの明瞭な憲法変動の提案、国民の批判を中心に沸き上がる大きな論争と選挙による付託、国会による革命的立法の敢行、等々があれば、改憲手続を経なくとも憲法が変動したと見ることもできないではない——私はできないと思っていますが——まあそういう考え方もアメリカの著名学説に倣《なら》えば出てくるかもしれません。そうだとしても、じゃあ国民的な批判があったのかというと私はそうは思わない。

皆さんもテレビなどでよくご覧になったと思いますけれど、安保国会のとき、国会の周りにSEALDsや市民が集まり、反対を強く叫び、太鼓をたたいたり、踊ったりして盛り上がってましたね。その渦中、『戦争法案反対』『NO戦争法案』というプラカードがあったことをご記憶の方も多いかと思います。国会審議のときも、民主党や野党の議員たちがお持ちでしたよね。

あのプラカードに対して政権与党は、とてつもないプロパガンダである、これは戦争法案じゃない、戦争をしないための法案なのに何を言っているんだ、と反発しておられました。が、私は、そうは思いません。あの安保国会の大騒ぎの中で、国民のほうから発された唯一の核心を突く問題提起は、あのプラカードだと今でも思っています。

つまり、集団的自衛権行使を限定的にせよ認めたときに、自衛隊は〝戦力〟としてこれを行使するんですか、自衛隊は〝戦争〟をするんですか、そのところをはっきりさせてくださいよ、首相、というメッセージとしてあのプラカードは受け止められるべきです。

自衛隊が〝戦力〟として認知されていないことは、皆さんよくご存じだと思います。これは例の七二年政府見解のずっと前の政府解釈で導入された確立した政府解釈であります。

自衛隊は〝戦力〟ではなく、〝自衛のための必要最小限の実力〟だという解釈です（「自衛のための…必要相当な範囲の実力部隊」１９５４年12月22日衆議院予算委員会における大村清一防衛庁長官答弁〈鳩山一郎内閣〉）。この解釈を今後も守るんですか、今回の法案成立でこの解釈も変えるんですか、という問い掛けこそが、あのプラカードに込められた切実な国民の批判的声であったわけです。

私はその問いに答える千載一遇のチャンスを政権政党は失ったと思っています。私が政権の人間であれば、「よく言ってくれました。そこは全くその通り大争点です。でも心配しないでください。われわれは自衛隊は戦力じゃないと思っていますし、今後も戦力じゃないと言い続けます」と言うか、あるいは「そうなんです。実際は戦力なんです。あの解釈自体おかしいんです。これからは自衛隊は戦力ですし、自衛隊が行う防衛行動は戦争と国際法的にも見なされる可能性がありますよ」とはっきり言うか。こういう議論の中であの安保法案が通り、その後の総選挙で明白な付託を受けた場合、もしかしたら、改憲に匹敵する大きな憲法変動があったと見なすことができるかもしれません（繰り返しますが、私はそのような立場はとりません）。

いずれにしてもその批判を受け止めるチャンスを政府は失ったし、したがって、国民から提起された憲法上の疑義は結局解決されなかった。昨年秋の総選挙では結局、こういう問い自体が立てられることがなかったですね。そうである以上、憲法意識の革命的変動があったとはとうてい言えない。この点は銘記しておいたほうがいいと思います。集団的自衛権の限定的行使の閣議決定のときも、従前の政府解釈はその基本において維持すると政府は説明しており、〝変動〟を提起すること自体あいまいにされていました。

以上のように、可能性としては、国民の政治的批判が重要な規範的意味をもつ局面とは、憲法改正における国民投票と、今申し上げたような革命的な国政選挙――国民の批判とそれに対する応答から成る大掛かりな議論とみんなに衝撃を与えるような強烈な立法が通るといった事態、こういうものが想定されると思います。

加えて重要なのは、国民投票にしても国政選挙にしても、アジェンダを設定するのは政権あるいは政党だということです。憲法改正の発議権を持っているのは国会ですので、国会が「国民の皆さん、このアジェンダでいいですか」と訊くわけです。

選挙もそうです。政党が政策のパッケージを作って、国民のみなさんこれでいいですか、と訊ねるわけです。国民のほうが自発的にアジェンダ設定をできるものではありません。

そうすると国民が自発的に争点を設定し、政府に対して要求を突き付けられるのは、三番目のステータス、つまり、「市民」として市民運動するという局面しかないんです。ここの局面の活性化がなければ、九六条によるものであろうが、一五条によるものであろうが、主権者国民の政治的批判に委ねた決定にはならないということです。

最高裁は主権者国民の政治的〝決定〟に委ねるとか、政治的〝判断〟に委ねると言っているのではありません。「批判」という言葉を使っています。決断とか決定を付託するだけではなくて、そこに至るまでに国民は大きな声でノーと言ったんですか、国民は大きな声でこれに対してクエスチョンを突き付けたんですか、それくらい議論をしないと決められない問題なんだよ、ということを、私は砂川事件の最高裁判決は示唆していると思っています。

この点を、今日ここ人事労務会館で、市民運動の匂いのする今日この集会で強調しておきたいと思っております。

恐らく最後に述べた部分が、冒頭に申し上げました我が国のびんぼっちゃま民主主義に欠落している部分だと思うんですね。本来なら、批判とか熟議によって、民主主義は正統性を獲得するものなんです。それがないから、数とか議席だけを振りかざすようになるんです。

ですので、最高裁が刻印したこの部分、「主権を有する国民の政治的批判に委ねる」という部分がどのように活性化するかによって、びんぼっちゃまの背中が立派な生地で覆われるかどうかの分かれ目になるんじゃないかなと思っています。

取りあえず私のほうからは以上でございます、ご清聴ありがとうございました。

★講演者注：この講演は、二〇一七年一一月二二日付でWEBRONZAに掲載された拙稿「憲法9条の3つの命運とは」に依拠している。

ゴー宣道場師範との質疑応答

笹幸恵（司会）　駒村先生ありがとうございました。では師範の皆様から、ご意見などがありましたら。

高森明勅　砂川判決、私も関心を持ってあらあらと目を通したことはあるんですけれども、今、最後に強調された国民の政治的批判に委ねられるべきものである、ここを強調されたご意見を初めて拝聴したと思います。これまで、それこそ高村（正彦）さんの言っているような議論がすんなり入ってしまうような理解が、一般的だったのではないか。最高裁は合憲・違憲の判断から身を引いたんだから、司法は引いたんだから政治家に任せてくれというような読み方を、私自身してきてしまった。そうではないということがよく腑《ふ》に落ちました。ありがとうございました。

その中で触れられた、国民の政治的批判。白黒はっきりさせるのは最後九六条における国民投票ということなんでしょうけれども、それに補足していただいた通常の選挙においても、政治的な批判として国民の意思が示され得る。これはちょっとお尋ねしたいのですが、要するに選挙に当たって、安保法制を現在の憲法秩序に整合的なものとして国民に提起するということを、与党があらかじめ主張をして、それをずっと選挙戦で訴え続けて与党が勝利した場合は、これは国民的批判をクリアしたというふうに理解されるってことでしょうか。

駒村　まずこの学説は私が唱えているわけではないという点が一つですね。その上で申しますと、この学説は、恐らくそういう形のアジェンダ設定を国民的大議論を前提に、与党が地滑り的大勝利を得、それをベースに国会で憲法変動と見られるようなびっくりするような法律が通る、こういう事態に至れば、憲法改正を経なくとも憲法変動が起きたと見てよい、こういう主張ですね。改憲に匹敵するくらいの民意の変動が起きたというふうに理解するわけです。ですから地滑り的大勝利だけではなくて、その後、びっくりするような立法やとてつもない施策の実施というようなものが付いてくる必要があると思います。ただ、この学説に接するときに、私がいつも疑問を覚えるのが、憲法改正に匹敵する民意の変動があったというならば、なんで憲法改正は起きないのかという点です。

高森　そうですね。

駒村　選挙でこれだけの大勝利をおさめ、地殻変動的な立法や行政をみんな支持したんだから、憲法は変動したんだと言うわけですが、もしそうだとしたら憲法改正をすればいいだけの話だと思うんですね。ですからこの学説の落とし穴は、地滑り的勝利やショッキングな立法がなされたからといって、国民の意思は本当に変動したのかどうか怪しい、という点にあります。それをチェックするために九六条があるんです。本当に国民の意識が変動したのか、じゃあ、衆参両院の三分の二の発議を用意してこい、それを国民投票に掛けろ。それができないのは結局、憲法変動にふさわしい民意の変動が起きていないということなんじゃないか、というふうに私は思っています。

高森　私もそこは非常に疑問に思ってまして。通常特定の争点を掲げての選挙というのは結局、衆議院選挙ですよね。で、その衆議院において過半数を取れば良いっていう話になっちゃうと、事実上の憲法改正のハードルをものすごく下げることになってしまって、実際の国民投票というのを最後まで永遠に封印したまま憲法がどんどん変動していくということを黙認する結果になっちゃうんじゃないかなと。参議院の議員の方、ここにいらっしゃらないと思いますけれど、参議院議員の方も俺たちいらないのみたいな話になりますし。ちょっとその辺りが気になったもんですからご説明いただきました。ありがとうございました。

駒村　一点だけ付け加えさせてください。最高裁は、高度な政治性を有する問題について憲法上の疑義があるとき……と言っています。つまり、選挙でやるとしても、この憲法上の疑義を争点にして選挙をしてもらわなければ困るわけです。いろんな公約パッケージの中の一〇番目くらいに憲法九条改正を滑り込ませておいて、選挙期間中議論も特にしないまま、これで通ったでしょ、じゃ困るんです。この問題だけを国民に問うて、国民の批判を巻き起こして通してもらわなきゃいけない。そういう意味でも通常選挙でシングルイシューのアジェンダ設定ができるかどうかというと、これはなかなか難しい。そういう意味で通常選挙ではこの最高裁の描いた画にはならないだろうと思っています。

倉持麟太郎　先生、一三条と二一条のところはせっかくレジュメに挙げて頂いたのに、触れませんでしたね。

高森　二一条は触れられましたよ。

倉持　集会・結社の自由ですね。

高森　ここがそうだもん。

倉持　そうですね、今日の会場は「人事労務会館」。

高森　初めての方と先生に会場について弁解をしておくと、もともとお台場のとてもおしゃれなビルでやってたんですけれど、地震の恐れがあるので変更したんです。すごいハイソな雰囲気でやってたんですよ、お台場は。それで都内でも堅固な地盤を有する、津波が来る心配もないという。参加者の皆さんの安全安心を第一に会場を選定いたしております。正式な名前があっても、普通はそれとは別におしゃれな名前を付けるんですけど、人事労務会館はそういうことをやらない質実剛健な所なんです。

駒村　本日のレジェメには憲法一三条を挙げておきました。これなぜ挙げてみたかというと、先ほど国民の地位には三つのステータスがあると申しました。「主権者」としての顔があって、「有権者」としての顔も持ち、さらに「市民」としての顔もあると。そして、「主権者」と「有権者」は、実はこれ、国籍を持っている日本国民である必要があります。しかし「市民」というステータスは日本国民だけじゃないですね。日本社会には、韓国人、中国人から、インド人、アメリカ人、イギリス人、等々さまざまな国籍の人たちがいる。

その上で、憲法一三条は「すべて国民は、個人として尊重される」と定めている。つまり、国民は、「主権者」「有権者」「市民」のいずれのステータスにおいても、「個人」として尊重されるということになります。これが日本国憲法の大きなフレームワークです。われわれが「主権者」として立ち上がる場合でも、われわれが「有権者」として投票あるいは立候補する場合でも、そして、「市民」として行動する場合でも、われわれは「個人」として尊重されるということを憲法は言ってくれています。もちろんどの程度尊重されるかはそれぞれのフェーズによって範囲が違ってきますけれども、とにかくそういう基本的構成を日本国憲法は取っているということです。今日来ている皆さまがたも恐らく「市民」として参加されている。でもそこには、「有権者」として次の投票ではこうしようとか、国民投票のときは「主権者」としてこういうふうに自分は投票しようと、全部が三重写しになっているわけです。加えて同時に「個人」として尊重されるということでございますので。何かご意見やご批判があれば「個人」として尊重いたしますので、ぜひ自由に発言していただきたいと思います。

高森　これまでの例からしても、この道場は日本の国籍を持っておられないで参加されている方も結構いらっしゃられていますので、市民として参加いただいているだろうと思います。

笹　山尾先生は、いかがですか。駒村先生のお話を聞いて。

山尾　本当は、駒村先生から改めて問題提起をしていただいたほうがいいのかもしれませんが、ずばりお伺いをしたいのは、今、立憲的改憲ということで、九条の条文案を練りに練っています。その中で最後の最後まで悩んでいるのが、専守防衛・個別的自衛権に縛りをかける前提に立った上で、その自衛権を今まで通り、戦力には至らない実力と位置付けるのか。あるいは戦力の一部であり、それ以上の戦力は一切認めないと位置付けるのかという点です。

似たようなことは交戦権についても当然言えるわけですよね。個別的自衛権に限って使われるこの自衛権の行使は、交戦権の一部であるというふうに位置付けてしまうのか、それともあくまでもそれは交戦権とは別概念の、かっこ付き自衛権なのだという今までの建前を続けるのか。そこのところやっぱり、非常に悩ましいんですね。そこの部分で私と倉持さんなんかはちょっと感覚がズレているところでもあります。

そこでちょっと先生にお伺いをしたいのは、このことを考える上で、いくつか考えなきゃいけない要素があると思うんですね。多分正解はないと思うんです。こっちのほうが絶対正しいというような。ただいくつかの要素があるとしたらどんな要素があり得るのかなということ。要するに、安倍加憲のような、自衛隊を明記するという非常に乱暴な憲法改正が、韓国も含めた周辺国にどのような影響を与えるのか。あるいは沖縄の問題にどのような影響を与えるのか。日米地位協定にどのような影響を与えないのかということも含めてですね、あり得ると思うんです。そういう対海外の問題と、もう一つはやっぱり国内の問題です。

確かに安保法制が立憲主義違反だということの一つの理屈の中に、戦後、国会も国民もあらゆる自民党総裁も含めて全員、この国の自衛権というのは、基本的には戦力でなくて実力なんであると。この国の自衛権は交戦権ではなくてあくまでも自衛権なのであると、そういう建前を積み重ねてきたという事実があるわけです。その積み重ねの一部の中に個別的自衛権に限るんだという解釈も血肉となって含まれていて、その積み重ねを破ったから安保法制というのは立憲主義違反だと、こういう話があるわけですよね。だとすると、この安保法制イコール安倍政権解釈も積み重ねていけば合憲になるんですか、立憲主義に合致するようになるんですかという、素朴な問い掛けと表裏一体の問題として、私たちが新しい憲法改正を考える際に、戦力と交戦権の概念を少なくとも二年前までは積み重ねてきました。

倉持　僕からもちょっと補足させていただくと、確か二〇一五年の六月四日、長谷部先生をはじめ憲法学者三人が違憲と言った。あのとき明確に違憲とおっしゃったのは後方支援なんです。九条一項の武力行使にあたるから、米軍と一体化してしまってはダメだということで。集団的自衛権の行使に関しては、法的安定性を害するんだということで立憲主義違反だという言い方をされてた記憶があるんです。それが今の山尾さんの質問とちょっとリンクするんですけれども、さっきの憲法変動みたいな話でいくと、もちろん憲法っていう法規範があって、その解釈もあわせて憲法規範だということがあるとしてもですね、警察予備隊ができて、一九七二年に個別的自衛権を行使できるんだという旧三要件を立てたいわゆる四七年見解があって、ある種、時効みたいな形で積み重ねてきたわけですね。

高森　私の言った通りでしょう。

倉持　ある種の個別的自衛権は、行使できるんだと。さっきの憲法変動みたいな話だと、恐らく九条ができたときは、さっきの話にもありましたけれども、吉田茂首相も自衛権すら有害なものだと言ったりとか。制憲議会のために用意していた当時の内閣法制局のQ&Aの答弁でも、明確に日本国憲法九条は自衛権を禁止していないけれども、戦力の不保持と交戦権の否認によって結果的に自衛権の行使すらできないというような法制局の答弁を、あの当時、制憲議会で用意をしていたということを考えると、自衛隊の創設や最近の集団的自衛権の行使要件（新三要件）決定といったことは大きな憲法変動だと思うわけです。時間の積み重ねっていうものが、ある種の法的安定性を生んだ。それを壊したことが憲法違反だというふうになったとすると、さっきの質問にこれで接続するんですけど。それこそ、この後また、二〇一四年七月一日閣議決定が七〇年続いた場合は、そのときにフルスペックの集団的自衛権って言ったときに、その法的安定性を害するという話になるのかな、と、その辺は私も疑問があります。

駒村　なるほど。まるで学会のようになってまいりました。論点が多岐にわたるので、私から指摘しておきたいことを一つだけ申し上げようと思います。安倍改憲は自衛隊を憲法に書けばそれでいいんだと。何も現状とは変わりません、どうぞご安心ください、と現時点では繰り返されています。とうとう、お試し改憲を九条でやろうとしているということだと思うんですね。環境権や知る権利を入れてみましょう、という種類のお試しではなくて、九条でお試しをやろうということです。国防政策あるいは国家安全保障に関する真剣な検討の上で基本原則の変動を行うのではなく、取りあえず憲法九条をいじることによって、従来アンタッチャブルとされてきた戦後の正統性基盤を首相自らの手でタッチャブルにしたいということですね。

おそらく、仮に安倍首相がびんぼっちゃまだとすると、彼がさらけ出した背中を埋めたがってる生地はこれなんだと思います。要するに、本当は深刻なアジェンダを深く豊かな熟議によって方向づけるような形で民主主義的正統性をきちんと調達するように努力しないといけないんだけれども、それは結構難しいし、なによりそれを曖昧にしてきたからこそ多数の議席が手に入っているわけだから、そこはまあそのまま空隙にしておこう。その代わり、もっと飛び切りの生地で埋めようじゃないか、憲法というタブーをいじくることによって背中の生地を調達しようとしてるわけですね。いや、背中は見せたままでも自前の憲法の旗をかざせばそれでいいんだと。が、自衛隊を憲法に書けばそれでいいって話は全然だめなわけです。憲法に自衛隊を書きこもうとすれば、まずもって第一に、「憲法上の自衛隊概念」を立てなければいけないんです。今ある自衛隊を書き込むだけだよ、じゃ済まないんですね。憲法に書く以上、「憲法上の自衛隊概念」というコンセプトを別に立てなければ、現行法制とそれを動かしている権力を制限することができないんです。憲法上のコンセプトとしての自衛隊を書かなきゃいけないとなりますと、自衛隊が行使するのは〝戦力〟なんですか、〝専守防衛〟を維持するんですか、それに対する制限の手続・組織はどうするんですか、全部出てくるはずです。それが今のところ表に出てこないというか、考えている形跡すらない。

そういう中で、「憲法上の自衛隊概念」をめぐって議論を提起されているのが、山尾先生と倉持弁護士なんじゃないかなということかと思います。今ので質問の五分の一ぐらいの回答になります。あとまた足りないところがあったら言ってください。

高森 ちょっと混ぜていただいて、私がお答えすることはできないんですけど、どうしてもカバーしておかなきゃいけないと思うのが、先ほどの戦力、あるいは交戦権の問題です。私はどちらかというと右派というか、保守というか、極右というか、よくわかりませんけれども。

倉持 よくそこまで言いましたね(笑)。

高森 よくわかりませんが、私は中学二年以来、四〇数年のあいだ改憲論者なんです。改憲論者ってその頃ほとんど絶滅危惧種でしたが、いつの間にかあちこちにいっぱい出てきて。これまで読売改憲案をはじめとしてメディア自身、産経新聞も出してます。それから政党の議員グループも出したり、それこそ西部（邁）先生も。さまざまな改憲案が出ていて、それらの九条の改憲案に全て共通しているのは、これまでの憲法で認めていなかった戦力の保持を認める。ここを変えるというのが共通点であろうと思います。それをどういうふうに規律するかとか、それはいろいろ違いはあってもですね。戦力不保持、九条二項の不保持を変えて保持すると言ってたのが改憲論者だと思うんです。

ところが、安倍びんぼっちゃまは、今回、戦力は持たないままでやると。要するにお尻は出したままでいい、こう言っているわけですね。それに対して、右派とか保守とかいう人たちが一生懸命応援している。お前たち何のために改憲と言ってたんだと。自分を裏切っているのかと思われるような現象が目の前で起こっているということだろうと思うんですね。交戦権も、これまで通りというのが安倍加憲で、条文は変えない、解釈も変えない、運用も変えないというようなことを言っておりますけれども。これらは今までの改憲派に対する、最大の裏切り以外の何ものでもないはずなのに、声を奪われたカナリアのように、押し黙ってこれに反撃をしないというのは何なんだろうと思うんですね。

私自身としては戦力保持を認めるか認めないかが、九条改正の肝になると思ってまして。それをまさに立憲主義的に規律するという条文を入れ込みながら戦力の不保持から戦力の保持に切り替えないと、もちろん限定的で結構なんですけれども。これをやらない限り、日本がアメリカに、具体的に言うと、米軍に依存しなければいけないという状況を変えることはできないし、そうすれば米軍の背後にあるアメリカの意思というものに憲法が優越することができないという状態が固定されてしまうだろうと思います。

交戦権は二つの理解があって、政府の理解に立てば政府は交戦権と同じことをやっても、それは自衛の範囲であれば、交戦権とは言わないんだという解釈の仕方をしておりまして。交戦権の議論は最も神学的になりがちかなという印象を私は素人目に持っているんです。ですから、交戦権についてはそういう大きく二つの定義があるという問題と、限定された事実上の交戦権と同じことをやっていても、敵を殺傷するとかですね。そんなことをやっていても、それが自衛権の行使として行われる限り、それは交戦権と呼ばないんだというような辺りで、大きな問題はないのかもしれないと今のところは思っています。

戦力を保持しないということは、軍隊を持たないという建前の下で、これまで自衛隊が自衛隊法に、防衛出動までは武力行使は一切できないという、世界中の軍隊に類をみない制約を受けてきた。だからその手前、手間暇かけた防衛出動が発令される手前は、警察官の職務執行法に準じる形で武器を使用することになる。武器使用と武力行使を分けて、そして武力行使は防衛出動まで認めないという、奇妙な形で自衛隊法が制定されている背景にあるのは、九条二項の戦力不保持というものとの整合性を取らなきゃいけないということ。客観的情勢の切迫性をリアルに考えれば、そんなのは解釈次第でどうでもいいんだよということを言ってしまえば、私はやっぱり立憲主義に悖《もと》ると思います。立憲主義を尊重するという立場に立てば、やはり戦力を保持すると。それをしかし、このように規律するというふうに条文が設定されるべきではないかという、個人的な感想です。

小林　結局、実力組織って一体どういう意味なのっていう疑問が、わしの中にはあるんですね。実力組織とは、何の実力があるって言ってんのって。やっぱり、たとえ戦争が国際法から禁じられているっていっても、でもやっぱり向こう側が攻めてくれれば防衛戦争はしなければならない。そのための戦力を持っているということになるんだったら、これは戦力ではない実力組織だという言葉が、本当に訳のわからん、ごまかしで作られた言葉なんじゃないかとしか思えないんですけれども。

だから、交戦権が認められないとかいったって、実際そうやって攻められたときには戦うしかないわけだから、交戦状態になってしまうでしょう。そうするとやっぱり交戦権も一部認めなければいけないという話になってきてしまう。それをどの程度、縛るか。個別的自衛権だってもちろんですよね。結局、どこまでの範囲、個別的自衛権として認めるのかっていうことも考えないといけないから。だから個別的自衛権だってコントロールしなければいけないのかもしれない。それを制御する方法論を憲法の中に書かなければいけないのかもしれない。どちらも。

だから個別的自衛権だろうと集団的自衛権だろうと、認めなきゃいけないことは認めなきゃいけない。けれどもそれをどのように制限するのかっていうのが問題なんじゃないか。そこをどうわかってもらうかっていうことだと思うんですよね。

高森　それから先ほど、ちょっと話が出ていた昭和四七年見解。要するに、自衛権行使の三要件という。これ実は、日本国憲法の第九条を前提とした制約でも何でもなくて、実は国際法上自衛権の行使に当たっては、この三点を踏まえなければいけないという考え方が、さかのぼれば既に一九世紀から出てくるわけですし。要するに三要件っていうのは、急迫不正の侵害があるという違法性。それから他の手段がないという必要性。そして相手の侵害の行為に見合ったものでなければならないという均衡性。日本の場合は、三番目が必要最小限度という表現に改められてますけれども。この違法性と必要性と均衡性というのは別に、日本国憲法九条によって必然化されたものでも何でもない。普通の自衛権の、国際法上の縛りなんですよね。そのことを憲法に書き込むということも、もちろん意義あることだと思うんですけれども。それが九条とセットのものだから、九条の見直しによってそれが解除されたり変更されたりするようなイメージを持っているとしたら、これは大変な錯覚だろうと思うんです。

駒村　ますます学会みたいになってきました。自衛隊をじかにご覧になった方には、私は富士の総合火力演習まで行って見てきましたけど、そういう方にはご理解いただけると思いますが、あれは富士の裾野に向かって攻撃しているからいいのであって、あれがくるりとUターンしてこっちに向いてきたらそれはとてつもなく恐ろしい危険な力を行使しているんだと皮膚感覚でわかると思います。あれをもって戦力ではないということはあり得ない。小学生でもわかることだと思います。それを自衛のための実力ですっていうのは、もはやかなり詐術に近いと。こういう言葉遊びで武力行使／武器使用の区別論などが全部出来上がってるわけですね。

まあそれは戦後もう自明の事柄であるとして、自衛隊はどうしたって戦力でしょと言って、この自明の事柄を追認するだけの改憲にすぎないんだよ、実のところはさあ、というような言い方は、私はとても危険だと思っています。詐術であったということをやはりきちんと認めなくてはならない。ちなみに私は現行憲法九条の解釈でも自衛戦争は合憲だという立場を取っています。が、改憲をするにしても、戦力性の論点を回避し、詐術に近いことが行われてきたことを無視することは、おそらく改憲を無意味にするでしょう。

他方で、この自明性を認めてこなかった七〇年間の積み重ねの大きさは、「最初からみんな自明だと思っていたよね」では済まない重みがあります。さきほどすこし倉持弁護士から出ましたし、山尾先生と楽屋で議論したことにもつながるんですが、自明性を認めてこなかったことはある種のくさびだったと思うんです。本来は当然に戦力であるものをそうとは認めてこなかった日本。この姿勢は平和国家というスローガンとともに、戦後の国際政治ならびに国内政治にとって大きなくさびを打ち込んできたと私は思っています。

これを抜いた瞬間に何が出てくるか。当たり前のことを認めただけだから何も変わってませんでは済まなくて、大きく変わった、戦力なんだ、戦争しようとするんだね、戦争もう一回するんだね、侵略するかもしれないね、という話が突き付けられる。過去の清算はどうなってるんですか、歴史和解はどうするんですか、一挙に出てくるんです。何をいまさらというかもしれませんけれども、私は対中韓的には九条があることがその種の防波堤になってきたと思うし、沖縄の問題もそうだと思うんです。九条のくさびが、まがりなりにも平和国家を標榜した日本政府に上記の難問を考え交渉する精神的・時間的猶予を与えてきたと思います。九条があることの意味というのはすごく大きい。だから抜くなとか、そのままにしておけとは特に申し上げるつもりはありません。抜くのであれば、以上の難題を含めての総合的な政策パッケージを出さないと、何にもならないということを指摘しておきたいと思います。

もうあと二点だけ簡単に申します。第二点目は集団的自衛権に関することです。山尾さんの立憲的改憲構想では集団的自衛権は駄目ですよと書かれているようですね。先般の安保国会で政府解釈は変えられちゃいましたけれども、それ以前の政府見解は集団的自衛権は持っているけど使わない、こういう解釈だったわけです。これを山尾構想は、憲法の水準ではっきりと集団的自衛権の行使は禁ずるということですから、格上げになると私は思います。大きな変動だと思います。

さて、では安全保障条約をどうするんですか、米軍との連携をどうするんですか、と。それに伴って出てくる説明責任を負うイシューっていうのも山ほどあって、そこまで考えておかないといけないと思います。

最後に、三番目。あえて挑発的な言い方をいたします。私は戦争はすべきでないと思っています。絶対にまずいと思っています。できれば回避したほうがいいと思う。でももし万が一戦争になった場合、そして、憲法が戦争を認めた場合、そのときに勝ってもらわないと意味がないとも思います。やる以上は――やりたいって言ってるわけじゃないですよ、絶対避けるべきなんです――しかし始まってしまった以上は、負けてもいいやと思って戦争してもらっては困ります。別に負けてもいいやと思ってパチンコする人はいないと思うんです。まあ、余暇を愉しめればいいかなという気分でやる人もいるかもしれませんが。競馬やパチンコで、中にはレクレーションとしてスッたっていいや、ワクワクできればという人もいるかと思いますが、基本はそんなふうに思ってやる人はいないと思うんです。

高森　随分自信がありますね（笑）。

駒村　私の父を含む、一般的な人間観察です。でも戦争は、スッてもいいやとか負けてもいいやでやるべきものではないと思います。もし憲法上、戦争という概念を入れるのであれば、そして、万が一、千万が一、一億万分の一、起きてしまった場合には、勝つための算段をしなければいけない。勝つための防衛力の運用を考えなくてはいけない。

自衛隊をただ書き込むだけで勝てるほど、戦争は甘くないと思います。ただ、従来と何も変わりませんっていう憲法改正で済ませようとする現状では、先ほど来指摘している、超重量級の国際問題と国内問題が押し寄せてくるし、本当に戦争が始まった場合、勝つための制度整備がされているのか、情報収集チャンネルはしっかりしているのか、という点が厳しく問われるでしょう。そこが最大の問題だと思います。改憲論というのはそこまでの面倒を見る射程で議論をしないと本当はまずい問題だということは、やはり念頭に置いておくべきだろうと思っています。

笹　駒村先生、どうもありがとうございました。それでは、時間になりましたので、いったんここで休憩に入りたいと思います。

会場との質疑応答

A（質問者）　砂川判決について、仮に最高裁で「日米安保が違憲である」という判決が出されていたとしたら、基地に侵入した人が無罪になるだけだったのか、あるいは、日米安保自体に何か影響を与えることはあったのか。違憲という判決が出たとしても、日米安保自体に影響を与えないとしたら、ただ憲法の権威が損なわれるだけなんじゃないか、というふうに思ったんですが。その点についてお伺いできればと思います。

駒村圭吾　非常に重要な質問ですが、結論から言いますと、なってみないとわからないということだと思います。違憲判決が仮に出た場合、憲法九八条によりますと、違憲であれば「無効」ということになりますので、関連する法令はその効力を全部失うことになります。そうなりますと日米安全保障条約ももちろん吹っ飛びますし。特別刑法もなくなりますから被告人は全員無罪になります。それだけではなくて誰でも立川基地に入れることになります。ともかく、大変なことが起きる。違憲判決が出たことを知らない米兵は領域侵犯だということで侵入者を射殺するかもしれない。あるいは、そもそも政府は違憲判決を完全に無視するかもしれない。

このように、一大事が起きる公算が高くなりますと、裁判所は違憲と評価はしながら、法制度の有効性は維持するだろうと思います。ただちには無効にはしませんよ、向こう一年猶予期間をさしあげましょう、という将来効判決を敢行するはずだと思います。あるいは、事情判決の法理と申しますが、違憲だけど有効だという、およそ一般人からすれば何のことかわからないような処理をする可能性もあります。

このように、筋を通しても筋を曲げても、憲法の権威が失墜する可能性があり、恐らく裁判所は、法の支配を守るために鉄槌は下すけれども、そのことで逆に法の権威が完全に無視されるということが起きないように、何らかの措置を取るでしょうね。他方これは条約の問題ですから、アメリカに納得してもらえるかどうか。要するに、日本の主権だけで決まらない問題でもあるんです。なので統治行為論がやっぱり援用されまして、憲法上の疑義は未決のままになると思います。万が一、出た場合は、上記の混乱を回避する施策をほどこしつつ、国会や内閣が法制度を徐々に解体し、かつアメリカ合衆国と真摯に外交交渉していき、安保条約締結前のところに持っていく。そして、その過程をわれわれ国民はきちんと監視する必要があるでしょう。

B（質問者）　貴重な意見をいろいろ聞かせていただいて勉強になります。ここには意識をすでに持っている人が多いと思いますが、これから政治的な季節になると、選挙に行かないような人にも語りかけなければいけない、世論に働きかけ、「テレビの向こう」にある人たちを動かしていかなければならないと思います。マスコミはなかなか動いてくれませんが、憲法学を専門にされてきた研究者であり、教育者であり、社会的にも影響力のあるお一人として、この事態を変えていこうとお考えなんじゃないかなと思うんですけど、いかがでしょうか。

駒村　憲法を研究していた立場から言えることは、砂川判決についてある一つの解釈があり得るということを示すにとどまるんですね。そこから先、私、運動したこともありませんし、政治をじかに勉強したわけでもありませんから、ここからの意見は私の個人の意見となります。実は、私は半ば諦めムードになっているということを告白したいと思います。負け戦になるだろうと思っているところがあります。ただ、過日、ある評論家さんとパーティーでお話をしたんですが、意見が一致したのは、仮に負け戦であっても、まずは勝とうと思わなきゃいけないだろうと。これさっきのパチンコの例もそうです。最初からどうでもいいや、という形ではやめよう、勝ちたいと思って何かをはじめよう、というのが一つ。
もう一つは、負けたとしても、もうひと押しすれば勝てたかもしれないというところまでいかないと、あとが続かないだろうということです。今の安倍政権による改憲提案に抵抗されようとする方たちには、山尾先生のようにアクティブに積極的にこれに抵抗しようとするやり方と、むしろ不作為で何もしないという形で抵抗しよう、いろいろあると思います。そのいずれにしても、あとひと押しすれば勝てたかもしれないというレベルの負けっぷりまで持っていかないといけない。その水準から何をするかということを考えるべきだと思っています。現政権の改憲提案が非常に巧妙なのは、石破提案についても、山尾提案や倉持提案も、自衛隊をフルスペックの戦力として認知しようとする提案であるとして、おっかない極論に位置付けようとするでしょう。今の自衛隊は自衛のための必要最小限度の実力しか行使しない平和的な組織なのに、フルスペックの戦力として国際水準に迎合した組織に増強しようとしている、と。そこまではやっぱりやれないよなって国民に思わせておいて、結局、何も変わらない、現状追認的な改憲提案として自分たちのお試しプランを通そうとするでしょう。

巧妙と言えば、政権の言説を言論空間に浸潤させる手法もとても巧妙です。一方で、メディアを萎縮させ、大学を萎縮させて、かなり深刻な言論状況を作り上げており、改憲を進める前提である「国民の政治的批判」が成立する土壌がないどころか、それを破壊しようとしている。他方では、松本人志さんでしたっけ、漫才をやっている。

小林よしのり　ダウンタウンね。

駒村　そういう人たちと首相は会食をされているようですね。これ非常に巧妙で、著名タレントの言説のひだやちょっとした突っ込みが国民に少なからぬ影響を与えていることを政権は見逃していない。メディアのヒーローたちが、いいんじゃないの、変えてみたらいいんじゃない、と。

何につけ空気を変えるのは重要だからと彼らが言ったら、恐らくそれに追随する国民が出てくる。今の政権がどういった人たちと食事をしてるのかというのは非常に重要であって、ぜひ、山尾さんも松本人志と話をしたらいいんじゃないかと思いますが、まあ、非常に巧妙に着々と事態は進行していますね。

小林　戦い方を一生懸命考えて、それでこの戦い方では分が悪すぎるとなっても、じゃあやめようとなっては話になんないですよ。やっぱり戦うのだったら、ありとあらゆる方法をとってみろと言うしかないわけです。だってこれが正しいと思っているから戦うっていうことしかもうないんです。まあ奇跡的に勝つこともありますよ。

それは生前退位の問題でも、実際成果は挙げているわけで、人々は知らないだろうけれども。薬害エイズ運動のときもそうでした。あのときは枝野さんはむしろわしの味方に来てくれたわけだけど。あれもほとんど絶望的な状況だったですよ。けど勝っちゃったわけです、あれも。勝つときは勝ちますよ。何が起こるかわかんない。

高森明勅　生前退位を可能にする特例法は、あれはまさに安倍一強全盛時代ですよ。あの安倍全盛時代になぜ勝てたのか。生前退位反対って言ってた人たちがいるわけです。彼らは負けた。しかし、対案を出したわけです、われわれは。その対案と向こうのプランと、どちらが説得力があるのか、と。

小林　そう。対案出さないと駄目。

高森　数ではなくてロジックで戦う場所が、あの場合つくられたので、それで事実上勝てたんです。

小林　憲法学者の皆さんていうのは基本的には運動家じゃないですからね。だからそれまでこっちが要請する必要がない。ただ、憲法学者の皆さんには学識でもってどんどん意見を言ってほしい、それを聞きたいわけです。で、わしらが勉強して、特に山尾さんが力いっぱい勉強して、それを生かせればいいわけです。だから、まずは憲法学者で、反対だとかっていうのはおかしいと思ってしまうんです。やっぱり専門家なわけだから、せっかく知識がたくさんあるわけで。

さっき言われた、砂川判決で主権を要する国民の政治的批判に委ねるべきものであると、これは本当にびっくりしました。確かにこれ全然見てなかったわ。戦争法案ていうのも可能性としてあって、その批判は別に間違いではないっていうことを、今日聞いて、すごくびっくりしました。

福島瑞穂は共謀罪のときに、あの記者会見のときにやってきて、わしの所にスタスタとやってきて「私が戦争法案と言ったとき、応援してくれてありがとう」ってペコリと頭を下げてサッサッと去っていった。何考えてんだ、この人、と思って。

高森 参考人で行かれたときですか。

小林 そう。不思議だなと思ったんだけれども、わしもそのとき、集団的自衛権このまま認めたら戦争法案のほうにいく可能性だってあるんじゃないとかっていうふうに思って。まあでも、アメリカに追従していけばそうなっちゃうわ、結果としては、という考えもあったから、その言葉を使ったけど。大げさすぎるだの何だのと、保守から叩かれたりもしてるけど、なんか今、話聞いたらそれでよかったと。こういう安心感も与えてくれるわけですし。やっぱり学者から話聞くのって面白いです。

駒村 ありがとうございます。市民運動の話を今日はしましたけど、市民運動のうねりが権力に対して一矢報いるという勝利の経験が実はわれわれの側にはあまりないわけです。

しかし思い返していただきたいんですけども、安保法制のときに、ほぼ市民団体もマスコミも死に体だったところで、一気に形勢が逆転したのが、有り体に言いますと、長谷部恭男教授の一言だったんです。憲法学者の一言がブレークスルーを作ったということは、記憶しておいていいことです。だからと言って、長谷部先生だけに期待しようとか、最後は長谷部先生がどうにかしてくれるに違いないということではなくて、学者の一言が事態に風穴を開け、その一瞬の前後で社会の様相ががらりと変わったということを、われわれつい最近経験したわけです。ですからこれから何かの拍子に誰かの一言で一気に風向きが変わるっていうことがあるかもしれない。

その類のことは結構起きている。この間の総選挙で「排除」という二文字を使ったために、その前の日まで破竹の勢いだった小池新党が、あれよあれよと、泥のようにもろくも崩れていくわけです。その中で筋を通していたとみられる政党に考え得る最大の議席が与えられたという現象があったわけです。ある日突如としてトリックスターが出てきて、事態が変わるというのが民主主義だっていうことです。

でもそれも準備が必要なんですね。やっぱり水面下で憲法学者たちは勉強してきたし、長谷部先生もご覚悟をお持ちだったと思うし、それから、失言が出てしまう土壌、あるいはそれを誘うようなマスコミの風土もあったと思います。枝野さんもいざというときにぶれないように普段からの決意があると思うんです。そういう準備をしっかりまずやっておくことが大事ではないでしょうか。

高森　長谷部先生のご発言については、小泉純一郎さんが、自分が首相だったらあれでいったん仕切り直しただろうという言い方をされているんで、場合によってはそれでつぶれていたかもしれないですね。

倉持麟太郎　逆にあのとき民主党側は、もう憲法の質問はしないっていう感じになったんです、衆議院は。だけどあれが出た瞬間に、「神風が吹いた」って言って、憲法の論点、とりわけ四七年見解の質問をしつこくしたんです。

高森　やっぱりわれわれ民間でもそういうのを支え続けなきゃいけない。

笹幸恵　師範、ゲストの皆様、ありがとうございました。

イメージと幻想の「平和憲法」

泉美木蘭

思っていた。

「戦争」の反対は「平和」だと、うすぼんやり

そして、平和と言えば、ピースな愛のバイブスで、前向きでハピネスなムードを醸《かも》し出しながら歌でも歌っていれば自動的に成立することで、人間誰しもすすんで殺し合いなどしたいわけがないのだから、お互いに武器なんて持たなきゃ済むのになあとしか考えていなかった。

どうして紛争や戦争がなくならないのか。どうして自衛隊が存在するのか。どうして沖縄の基地問題が解決しないのか。ただ受け身にニュースを眺めて「世の中ってうまくいかないもんだねえ」なんてため息を漏らすのがせいぜいで、自覚的に「どうして?」と疑問を持つことがない。

自覚的に考えてみないもの。私にとって、その最上位にあったのが、日本国憲法だったように思う。なんとなく「日本の憲法は平和憲法」という印象だけがあって、その憲法のおかげで平和な日々が支えられているようなイメージだった。

「いま平和なんだから、このままなにも起きなきゃそれでいいじゃないの」

そう傍観するだけ。この無自覚な傍観が「平和ボケ」というやつだった。

なにも起きなきゃそれでいい? 本当になにも起きていないのか? そもそもどうしてこんなイメージが私の頭のなかに住み着いていたのか?

「政治の話は避けるのが無難」という世間

決して親や教師にそのように躾けられて育ったわけではないのだが、いつの頃からか「人前で政治と宗教の話をしないほうがいい」という空気のなかにいた。特に、天皇と憲法。この二点については、ただ言葉にするだけで場に変な緊張感が走る。発言者をなだめたり、なんとなく話をそらす

人が現れたりして、それ以上その話題を広げなさるなと黙殺するようなアイコンタクトをいろんな場所で体験した。

この空気を恐れていた。どんな話なのかはまったくわからないのだが、取り返しのつかない亀裂を招くような気配だけがあり、その緊張感にヒリヒリするのだ。目隠しした被験者を実験室に閉じ込めて長時間言葉で脅したあと、よく冷やしたスプーンを地肌に当てると、刃物で刺されたと思い込んで失神したり、火傷のような水ぶくれができたりするという心理実験があるらしいが、まさにそれ。今思えば、単に天皇のことも憲法のことも「まともに知らない、わからない」だけだったのに、「触れると痛い目にあうぞ」という思い込みだけが力を発揮して「語るべからず」という〝掟〟に従っていた。

意見が対立することや、タブーに触れてしまうという緊張とストレスをあらかじめ避けるために、議論をしない。そんな〝ムラビト〟の世間だったのだ。

実際、政治的な市民運動をしている人に、よい印象がないというのもあった。台本を丸暗記したような、逡巡《しゅんじゅん》の心情をまったく感じられない自己主張をまくしたてる人。「話し合う」というより、一方的な一体感を求めるような、善意の圧力。「ああいうのは厄介だ。やっぱり政治の話に首を突っ込むとロクなことはない」という感覚が、ムラビト世間のなかにはあったと思う。

結果、恥ずかしながら、三十代半ばまで憲法九条をまともに読んだこともなく、日本国憲法の第一章が天皇条項であることも知らないままだった。憲法のことをなにも知らないのに、根拠なく「平和憲法」という、良さげなイメージだけを持っていたのだ。あんなに触れてはならないと思っていた天皇が、その「平和憲法」の一番最初に書かれていると知った時は、なかなかの衝撃だった。

「イメージ」にあやつられる人々

日本人に限らないが、人間は「イメージ」に満足して、その「イメージ」にいとも簡単にあやつられてしまうものなのだと思っている。

六〇代後半、団塊の世代で大企業の管理職だったある男性は、バブルの時代に自分たちがいかに豪快なカネの使い方をして、ビッグな仕事をして、威勢よく遊びまわっていたのかをつねづね身のまわりの若者たちに話して聞かせる人だった。男性は、興に乗ると学生運動の記憶を語りはじめる。

「僕たちの時代は、みんなもっと真剣に生きていた。東大の安田講堂に機動隊が放水する映像、見たことないか？　大学生が命懸けで闘ったんだよ。僕も兄貴と一緒にヘルメットをかぶってよく石を投げに行ったもんだ。いまは石なんか投げないだろ？　僕たちは投げてたんだよねえ」

石を投げたことに相当な思い入れとプライドがあるようで、まるで戦争にでも行ってきたかのように、その人はくり返し「投げた投げた、よく投げた」と自慢した。

ヘルメットにマスクにゲバ棒といういで立ちや、血まみれの学生が担架で運ばれるようなモノクロ映像は見たことはあるが、いくら時代背景が違うと言っても、働いてもいない学生の身分で、石を投げて「命懸けで闘っていた」なんてそんなに自慢できることなのだろうかと疑問に思う。

しかし、イメージの力は強大で、当時、男性が見たという、いきり立った学生たちの様子や、あさま山荘事件を固唾《かたず》をのんで見守っていた時のことなどを生々しく語られると、石なんて投げるどころか握ったことすらないような若者たちは、そのモノクロームの物語に意味もわからず尊敬のまなざしを向けてしまい、憧れ半分に聞き入ってしまうのだった。

「すごい。むかしの学生は気概が違ったんですね。先輩は、そんな激動の時代を生きてこられたんですね」

いやいや、石を投げない気概だってあるんじゃないのか？　激動って、別に講堂や山荘に籠城《ろうじょう》して、放水や鉄球と戦うことでもないと思う。まるで学生たちが時代を動かしていたようなイメージも、現実とは違うのではないか。

称賛されているその人が、結局は大企業の管理職組だというのもなんだか変な話だった。リタイアしてタワーマンションを購入し、株を運用、最近はシニア割引で映画三昧の日々だと言う。仕事のできる人なのだろうし、他人様の人生は簡単に斬り捨てられるものではないが……反体制のポーズをひけらかして格好をつけておきながら、現実には、しっかり体制に順応して、資本主義の中で無事に出世街道を歩んだ人だったのではないか？　壮大な欺瞞《ぎまん》を感じ、腑に落ちない。

そして、この男性は大きな声で語るのだった。

「僕たちは、全力で戦争に反対してきたんだ。みんなでジョン・レノンを聞いてさ。世界中の人が一体になって『戦争なんかダメだ！』と叫んできたんだよ。戦争なんか間違ってる。どれだけの人々が不幸になったと思う？　きみたち、九条はなんとしても守るべきだよ。日本人の責任だからね」

若者たちは、うんうんと激しくうなずく。戦争は間違っている、大勢が不幸になる、だから戦争反対の自分たちは正しい。誰もが同意できて、自分の考えは絶対的な正義に基づいているようなイメージが浮かぶ。

しかし、「九条」を守れば戦争を防ぐことができるのか？

もちろん、無知で無自覚な私も、もしもその時代の空気のなかにいて、ベトナム戦争の惨状を知り、ナパーム弾に追われる少女の写真などを目にすれば、迷いなく反戦の声を上げただろう。それが人の道だと思うからだ。そして、反戦のオプションが「九条」だったならば、男性と同じ理屈を訴えるようになっていたかもしれない。

ところが、その忌むべき戦争では、沖縄が米軍の出撃基地になっていたのだ。防ぐどころか加担。

嘉手納から連日ベトナムに向かって爆撃機が飛び立ち、沖縄は「悪魔の島」と呼ばれてしまっていた。

「大江健三郎の言葉を読んでみなさい。えっ、知らない？　ノーベル文学賞の大作家だよ。彼は子どもの頃、戦争と九条の成立を体験しているんだ。『その二年前まで戦争をしていた国の少年は、一番大切なものを教わった』と書いていてね。印象的だったなあ」

ノーベル文学賞の大作家が経験した終戦、というイメージは、文学など読んだことのない若者たちには大きなインパクトを与えているようだった。

「戦争放棄、こんなすばらしい憲法はほかにないね。九条があるから、日本人は穏やかで平和主義な人々だと信頼されているんだよ」

九条があるから日本人は信頼されている？

私は周辺国の憲法もアメリカの憲法も読んだことがないが、人はそんなに他国の憲法に詳しいものなのだろうか。それとも、日本国憲法が例外的に世界的に有名なのだろうか。だが、もしそうだとしたら、九条があるのに自衛隊がいるという状況を、むしろ不信に感じるのではないかと思うが。

以前、日本で長年働いているトルコ人の友人Hからこんな風に言われたことがある。

「日本は安全で住みやすいし、みんな親切で、ちゃんと約束を守るし、仕事もしやすくて大好きだけど、どうしてアメリカに怒らないのかがずっと不思議だよ。原爆を落とされて、いっぱい仲間を焼き殺されたのに、あなたたちは、クソーッて思わないの？」

言葉に詰まり、ものすごく恥ずかしくなった。トルコも複雑な国だが、徴兵制がある。Hも兵役を経てからビジネスマンになった人で、ベレー帽に軍服姿の自分の写真を大事にしているようだった。軍事アレルギーのような日本人を見るたび不可解で仕方がないと言う。

Hにいくら九条と自衛隊の仕組みを説明したところで、「なんじゃそりゃ」としか思わないだろう。しかも、現在は、九条のもとで集団的自衛権の行使が容認されてしまってもいて、すでに「九条があるから平和主義なんだ」という言い分も通らなくなってしまっているのだ。

「平和憲法」という語感とイメージの良い言葉に包まれたものを誇らしげに掲げておきながら、一方では、広島・長崎に原爆を落として大量殺戮を行ったアメリカに国防を頼り、兵站基地になり、さらに今後アメリカが引き起こすかもしれない戦争を手伝わされる仕組みに同意しているという、最悪の裏切り状態。

思わず、こんなことHには知られたくないな、詳しく説明したくないなと心に影が差す。過去の歴史によってせっかく親日的な感情を持っている国がたくさんあるのに、いまの状態を受け入れていれば、日本に対する不信感を高めてしまうことにならないだろうか。

九条守って、国滅ぼす？

多くの人が「平和憲法」だと思ってきた日本国憲法は、ただの「平和っぽい感じがしていた憲法」でしかない。現実には、権力を縛ることも集団的自衛権を封じることもできていないし、いくら正義のイメージで正当化したところで、「戦争反対」にならないどころか、もはや「アメリカと一緒に侵略戦争」に太鼓判を押すことにしかならなくなっているのだ。

いざアメリカが中東での戦争をはじめたら、「戦争反対、九条守れ！」と叫んでデモを起こすのか。アメリカの要請で自衛隊が中東へ派遣されることになったら、「戦争反対、九条守れ！」と抗議するのか。誤爆で犠牲になった中東の子どもの遺体画像が出回ったら、「戦争反対、九条守れ！」と厚顔無恥に反戦運動にでも利用するのか。自衛官が亡くなったら、「だから九条守れと言ったのに！」と憤るのか、それとも「自己責任だ」とでも切り捨てるのか。挙句、恨みを持った中東のテロリストが日本人を標的にしたテロを連発しはじめたら、「怖い。やめて。死にたくない。自衛隊さん、米軍さん、九条を守りたい私たちを、武力で守ってー!」とでも騒ぐのか。

何も守らない九条を守るために日本を滅ぼし、日本人を無用な危険に晒した上に、〝信用ならない奴ら〟にするなんて、私はいやだ。

イメージだけが先行する九条の世間では、「改憲」と聞くと即座に軍国主義か右翼かという極端な反応を起こす人もいるようだが、憲法は、すこし知ってみると、右か左かの二択しか選べないようなものではないとわかるし、いまの憲法では防げなくなってしまった侵略戦争を防ぐための、本当の平和憲法だって作れるのだということにも行き当たる。「改憲=危険」ではないのだ。

冒頭に、戦争の反対は平和だと、ぼんやり思っていたと書いた。

戦争の反対は、平和ではなく、「平定」だった。「力」によって平定されている状態があってこそ、はじめて成立するものなのだ。

平和は、ある朝、空から舞い降りて来て、やさしく私たちを包んでくれた奇跡の愛のベールのようなものではないし、憲法に書き込んでさえおけば恒久に続くというものでもない。軍隊も警察も存在しないのに、略奪も暴力も紛争も侵略も起こすことなく、全員がハピネスのなかでただただ微笑んでいられるほど、人間はまともじゃないだろう。きちんと知りもしないものを、イメージひとつで「良いものだ」あるいは「危険だ」と思い込んで頑迷に支持したり忌避したりし、その空気にからめ捕られてしまうほど、危なっかしい生き物なのだ。

世界平和を念じるにも、地球規模の武装解除をイメージするにも、素敵な著名人が平和のアイコンとして活動するにも、「九条守れ」と街を練り歩くにも、そこには、「力」で平定されて、安全が確保されているという大前提がある。

この大前提を、日本はどこに委ねているのか。その現実に目を向けるのか、それとも「自分の身にさえなにも起きなきゃそれでいいんだい」と駄々をこねつづけるのか。そろそろ、根拠のない幻想の「平和」を信じ込む危うさから卒業し、憲法を知り、議論する時代に移ろう。

建国以来の古文書──ゴー宣女子部①

──（道場終了後、休憩室のマッサージチェアでくつろぐ二人）

泉美木蘭　今日はお疲れさまでした。

笹幸恵　お疲れさまでした〜。憲法の議論は真剣に聞いていないとついていけないので、かなりの疲労感ですよね。

泉美　そうですね、普段よりちょっとだけ背伸びして聞いている感じですよね。私は今日ずーっとメモ取ってましたよ。手帳がゴー宣道場のメモだけで埋まってしまうんです。

笹　うわ、すごい量ですね。書き込みがびっしり。

泉美　自分でさえずっとフル回転に頭を悩ませながら聞いているので、毎回の講師の先生はもっと大変なんでしょうね。

笹　そうでしょうね。頭をフル回転させているせいか、糖質が欲しくなるんですよね。私はいつも控え室に戻ると空腹を感じるので、おにぎりとかスイーツを食べてしまいます（笑）。

泉美　わかります（笑）。

笹　手帳と言えば、私は数年前までずっと同じ手帳を使っているんですけど、この前整理したら大学時代の成績表が出てきました。その中になんと「憲法学」っていう授業があったんですよ。ちゃんと単位も取ってた。

泉美　憲法を勉強したことがあったんですね。

笹　もう完全に記憶がなくて（笑）。憲法を習ってたんだって、びっくりしました。憲法ってそれくらい縁のないものとして、自分は社会人生活を過ごしてしまった、という思いがあるんですよね。

木蘭さんは憲法について、どんなイメージを持っていましたか？

泉美　私の場合、「ゴー宣道場」に参加するまで憲法について考えたことすらなかったです（笑）。小学生のときは、もう前文の「日本国民は」「恒久の平和を念願し」みたいな、ああいう難しい文章を覚えている子は偉いね、という感じでした。

百人一首のようなものだったんですよ。

笹　意味がまだよくわからない百人一首を、とにかくたくさん覚えて取れる子はすごいと。

泉美　そう、憲法っていうのはもうずっと大昔からそこにあったもの、っていう感覚でした。ましてや憲法を変えるとか、社会人になるまで考えたこともなかった。何となくずっと建国以来ある書物みたいな。

笹　日本書紀とかそういう感じ？

泉美　そう、そういうイメージ。さすがに古文書とは思ってないけど、なんかそんな感じでした。

笹　建国以来ずっと存在しているものみたいな。

泉美　そうそう、そういう歴史的な文書について国民が議論をするっていう感覚が全然なかったです。

笹　もし書き換えよう、改憲するなんて言ったら、日本書紀を改ざんするみたいな、そんな感じだもんね。

私はむしろ憲法についてはイデオロギーから入ったと言ってもいいかもしれません。いわゆる「保守」的な立場から、当然改憲すべき、なぜならこれは押し付け憲法だからとなんとなく考えていました。でも「ゴー宣道場」でいろんなことを学んでいくと、憲法って押し付けとも言い切れないっていう話もあったりして。

泉美　私は三重県出身なんですが、「ゴー宣道場」で初めて三重県って日教組の牙城なんですよって教わりました。そういえば子供のころ君が代とかもあんまり歌ったことがなかった。

でもそんなイデオロギーとかって、普通の生活を送っていると、そもそも気にしないですよね。

笹　そうですね。私はフリーランスの物書きになってから、なぜだかイデオロギー的に右寄りといわれる人たちと接することが多くて。十数年前ですが、日本軍のことに興味がありますって言ったら、知り合いから、おまえは右翼だと言われました。

泉美　それだけで右翼っていうのはちょっと

（笑）。

笹　でもそう決めつけられてしまったんですよね。そういう風潮が残っていたのかな、いま思えば。私はそもそも右翼の意味がわからなかったので、「この人は何を言っているんだろう」と不思議でしょうがなかった。だいたい、何かを知りたいと言っただけでイデオロギーの枠にはめ込もうとするって、おかしくないですか。

　とはいえ、学校教育における日教組的な感覚への反発もあったので、むしろ右寄りの人たちが言う、憲法はGHQに押し付けられたんだっていう考えのほうがすっと入ってきて、日本人自身の手で憲法を作らないとね、と思っていました。九条もなんとなくうさんくさいと感じていましたし。そういう意味において改憲を支持していたという程度だったので、非常に漠然としていましたよね。「ゴー宣道場」に参加していなかったら、そのレベルで留まっていたと思います。

　では具体的にどこをどう変えたらいいか、なぜ変えなければいけないのか、それ以前に憲法とは何か、こういった知的誠実さを必要とする議論の重要性は、「ゴー宣道場」に参加したからこそ理解できるのかなと。

（②へ続く）

第三部

国民を〈憲法〉から遠ざける「敵」

新世代の憲法論

曽我部真裕

（二〇一八年三月一一日講演　大阪・江坂）

これまでの憲法論議

どうもこんにちは。曽我部です。こういうご時世なので私も時々呼ばれてお話をする機会がございますが、基本的に呼ばれれば行くのでいろいろなお考えの集まりに出かけております。今、倉持先生から憲法裁判所のお話をしていただいたんですが、冒頭の話は、憲法の議論が今までどうされてきたのかとか、最近の憲法論はどこが違ってきているのかといったあたりとか、あるいは今、自民党が四項目の案を出されていたりするので、その辺についてざっとコメントをさせていただければと思います。

まず最初、これまでの憲法論議についてですが、大きく分けて二つの時期があります。これはもう皆さんご存じのことだと思うんですけれども、一言で言うと日本国憲法そのものを受け入れるのか受け入れないのかという対立があった時代があるわけですよ。日本国憲法といっても、すべての条文ではなく基本的な考え方についての対立ですね。

日本国憲法の基本的な考え方においてまず何が大事かというと、個人の尊厳が挙げられます。戦前はお国のためとかあるいは家のためとかいうことで集団のために個人が犠牲になるということがあったわけですけれども、戦後はそういう反省に立ってやはり個人一人ひとりが大事だよねというのが、日本国憲法の根本的な世界観です。

それからもちろん立憲主義とか民主主義といった考え方、あるいは個人の尊厳から出発した人権、人は生まれながらにしてみな平等であって人権を持っているんだという考え方ですね。こういったものが日本国憲法の根本的な原則ですけれども、これを受け入れるかどうかという問題が、戦後しばらくの間、あるいは何十年の間あったわけです。つまり、個人主義は単なるわがままじゃないかとか、個人よりも家が大事だとか、そういう話が過去にはあったわけですね。

それから民主主義、あるいは国民主権の考え方も、そもそもGHQが最初の案を日本政府に伝達したときに国民主権という言葉が憲法草案に書いてあったわけですけれども、日本側はこの国民主権という単語を見てひっくり返ったわけですよ。戦前は天皇主権だったわけですから。

こういう流れがあり、国民主権とか人権とかいう考え方、個人の尊厳といった考え方は長い間定着しなかったわけです。それで、日本国憲法そのものを否定して戦前の憲法に戻したいという意見の人たちが結構いたわけですね。これが初期の改憲論の焦点でした。

そうすると憲法を守ろうとする側は、改憲は一切駄目であるというふうに答えるしかないわけです。だから憲法を変えたいっていう人たちと、もう一切変えるなっていう人たちの対立になりますよね。憲法のこの部分はよくないから変えようとかそういう話にはならないわけです。変えるか変えないかっていう二択になってしまっていたのが、戦後の合憲、改憲の対立だったわけです。

ところが七〇年代、八〇年代、九〇年代になってきて、日本国憲法そのものについては徐々に誰もが支持するようになるわけですね。そうすると憲法のこの部分がおかしいので変えたほうがいいんじゃないかとかいう話がだんだんできるようになってきます。

もっとも、憲法を変えなくてもこれまでは別に困ることはなかったわけですね。この条文はあまり良くないかもしれないけど今のままでも別に困らない、という状況があったので、改正論議自体はあまり盛り上がらなかったわけです。

例えば細かい話ですが、裁判官の任期は一〇年ですが、一〇年が経過すると再任するという規定が日本国憲法にはあります（79条2項、80条）。裁判官の任期があるということは理論上、裁判官の独立性がそれだけ弱まるということです。一〇年たったら首になる恐れがあるということです。ですので、自由主義国家としてはあまりよくない規定だというふうにも言えるのですが、ではこれで誰の目からも明らかな問題があるかというと、一般にはそうでもないと思われてきました（一部では強い批判がありますが）。というようなことで、問題はあるかもしれないけれどもわざわざ変えるような話でもないという状況があったわけです。

憲法の壁

要するにこれまで日本国憲法が政治を進めていく上で壁になることがあまりなかったんですね。これを規律力が弱いというふうにも言います。政治にとって憲法が壁になるならば、場合によっては憲法改正しようという発想にもなるわけです。これまではあまりそういう問題もなかったわけですので、政権の側も憲法を積極的に変えようという感じにはならなかったわけです。

長い間、唯一の例外だったのが九条です。九条は、九〇年代初めにPKOのために自衛隊を海外派遣しようというときにも問題になりました。その後もアメリカの九・一一の後にもいろいろな法律をつくりましたけれども、常に九条に反するんじゃないかというので国会で大もめにもめるということが続きました。そういう意味では政権にとって九条が壁になってきた、という流れがあります。そうすると九条を変えようという動機になるわけですけれども、ただそこもやっぱり抜け道があって、九条の条文っていうのもいろいろ解釈の余地があるというので解釈でずっと乗り越えてきたというのが、集団的自衛権も含めた今までの経緯になります。

その後、もう一つの壁として出てきたのが、ねじれ国会の問題です。ねじれ国会とは、衆議院と参議院の多数派が違うという状況です。衆議院では自民党および公明党をはじめとする連立パートナー、参議院では一時、民主党をはじめとする野党が多数派という状況が生まれていました。すると、法案がなかなか通らないとか、日銀総裁をはじめとする重要な人事がうまくいかないという問題が発生し、政権が行き詰まりやすくなるわけですね。事実、小泉政権の後に一年で首相が変わるケースが続き、「決められない政治」と言われましたが、それにはねじれ国会の影響が大きかったのです。

ねじれ国会がなぜ政治がうまくいかない原因かというと、これは憲法の規定に原因があります。日本国憲法はねじれ国会の状況下において、衆議院と参議院をうまく調整して物事を進めるという制度には必ずしもなってないのです。政治を進める上の「憲法の壁」という問題が九条の他にも出てきているということですね。

先ほどお話した昔の改憲論とは違い、憲法のここが問題だから変えようという議論ができるようになってきているというのは、こういう流れです。これをプラクティカルな憲法論というふうに言っていいのではないかと思うわけですね。

プラクティカルな憲法論

今まで憲法論っていうと護憲か、改憲かっていうふうにやってきたわけですけれども、やはりプラクティカルな憲法論にもっと移行していくべきじゃないかと思うのですね。日本国憲法は昨年つまり二〇一七年に施行七〇周年を迎えましたが、八〇周年とか九〇周年になっても同じような議論をしていくのかということを考えると、それはやはりちょっとどうかなと思うわけです。昔ながらのイデオロギー的な憲法論、改憲論はもうやめて、この点がおかしいので変える、こういうことをしたいのでこう変えていくべきだというような議論が望ましいんではないかというふうに思うのですね。

その際に重要なことを二つだけ申し上げます。一つは憲法論というと憲法のことだけを念頭に置くと思うのですが、しかし、いろいろな制度、国の仕組みというのは別に憲法だけでできているわけではなくて、法律もありますし法律の下にいろんな運用、先例とか慣例、そういうのもあるわけです。そういうのをパッケージで考えるべきであるというふうに思うんです。

具体的に言うと、今は安倍一強とか言われていますけど、昔の首相というのは割と弱かったわけですね。憲法は一つも変わってないのに昔の首相の権力は弱く、小泉首相とか安倍首相の権力は強い。何が違うのかというと、個々の政治家の力量も無関係ではありませんが、それ以前に制度や法律が違うからだと考えられます。

憲法は変わってないけれども憲法の下にある法律が九〇年代以降変わったので、首相の権力が強くなったわけです。これは憲法を変えなくても法律を変えると大きく変わるといういい例なんですね。憲法改正を議論するときも、憲法を変えるのがいいのか、関連する法律を変えるのがいいのか、あるいは両方変える必要があるのかとか、そういう憲法論と制度設計が一体となった議論というのが必ず必要だというふうに思いますので、その点は強調したいと思います。

もう一つは当たり前の話ではありますが、憲法を議論する場が必要だということです。普通の法律はまず省庁が案をつくり、内閣が国会に提出しますよね。けれど憲法だけはいきなり国会での議論が行われます。普通の法律は省庁の審議会等において有識者や業界団体からいろんな意見を聞き、事前に調整した上で法案をつくるわけですが、憲法の場合は必ずしも憲法の専門家ではない国会議員が議論をし、案をつくるわけです。山尾議員の前で言うのははばかられますが（笑）。議論の仕方が普通の法律と違うんです。このことが当然議論の質にもかかわるわけで、憲法についてはきちんとした議論ができる場をつくる制度設計が今後大事かなと考えています。

新しい時代、新世代の憲法論議を考えると、こういう議論が大事だと思います。

ゴー宣道場師範との質疑応答

笹幸恵（司会）　では倉持先生、補足やご質問がありましたらお願いいたします。

倉持麟太郎　日本国憲法は規律力が弱いというお話がありました。そういう視点の研究もあり、各国の憲法で使われている単語数は平均二万一〇〇〇語ぐらいで、最多はインドの一四万六〇〇〇語ですごく細かい点まで書いてある。一番少ないのは日本で五〇〇〇語ぐらいしかないという話です。ドイツなんかは二万五〇〇〇語もあるそうです。

日本国憲法は規律力が弱いとか、規律密度が低いなんていう言い方をしますけれども、それでも政権側にとってハードルになる条文は変えたい。山尾議員も前におっしゃられていたかもしれませんが、日本の憲法改正の議論っていうのは、権力の側が自分たちの足かせになるものを変えようという動きが、改憲論として僕らの前に提示されているのだとすごく合点がいきました。

こういった憲法論議のこれまでの流れがある以上、権力にさらにハードルを課すというか、権力を縛っていくような改憲論議は、日本という土壌では難しいのでしょうか。

たとえば憲法裁判所を設置するだとか、行政権力と司法権のバランスを回復すべきじゃないかという考え方はあり得ると思います。国会の力をより強くして行政の長である内閣総理大臣をもっと縛るべきじゃないかとか、あまりに内閣に集中した人事権をもっと分散させるべきだとかいう案もあり得ると思うのですが、これがまさに国家権力に対してハードルをさらに課すということなので、イデオロギー論争に明け暮れてきた憲法論議のこれまでの流れを考えると、まだ難しいのかなとも思います。

曽我部先生の論文で、二〇〇八年にフランスが憲法改正をした際のことが書かれていました。フランスでは憲法裁判所として憲法院という組織があります。諸外国の憲法裁判所というものは、何か法律ができた後にそれが違憲かどうかを、具体的にその法律によって憲法で保障された権利が侵害された個人から訴訟を起こされる前に、この法律、違憲じゃないですかという審査をする機関、というのが一般的な理解だと思います。

フランスの場合は事前に審査ができる、多分、諸外国でも数少ない例だと思うんですよね。それに対して法案通過後の事後的な審査はフランスには二〇〇八年までなかったんですね。それで事後的にも審査をするべきだということで、大統領の権限はある程度削減してでも国家権力間のバランスを取りましょうという憲法改正を、サルコジ大統領すなわち政権の側から提案し実現したんです。日本とは法文化っていうか、政治文化がかなり違うという印象があります。曽我部先生はどう思われますか。

曽我部真裕　政権側が自分たちをより縛る提案をしないんじゃないかというお話ですが、これは基本、誰が政権についても普通そうだと思います。皆さんも政権につかれたら、きっとそのように振るまうと思います（笑）。自分の都合の悪いことは積極的にはしない、というのは人間の本性であって、それ自体は良くも悪くもありません。この点について安倍政権が特異なわけでもないと思います。

おっしゃる通り、フランスでは二〇〇八年に憲法の半分ぐらいの条文に何らかの改正が入るという非常に大規模な憲法改正が行われました。中には確かに政権の手を縛るような要素も多々ありました。憲法裁判所である憲法院の権限を強めるというものもあったわけです。

ですが、では当時のサルコジ大統領が非常に人格者で徳の高い人間だったからというわけでは全くありません。サルコジ大統領は歴代フランス大統領の中でも非常に生ぐさい野心的な人物として知られているくらいです。

私の考えですが、恐らくフランスの場合は政権交代の影響が大きいのではないかと思います。つまり今の与党はいつか選挙で負けて野党になるかもしれない。政府の権力を一方的に強化してしまったら、野党になったとき困るわけです。フランスの場合はまさに、一方的に自分の都合のいいような改正を提起するような環境ではなかったということが一つ。

もう一つは国際的な立憲主義の相場観ですね。フランスの違憲審査制は国際的に見ると特異な制度でした。法律ができてしまうとその法律が違憲かどうかは一切争えないっていう制度だったのですね。法案を可決した場合、大統領が署名し公布され施行されます。フランスでは法案を可決して大統領が署名するまでの間に、国会議員が六〇人以上集まるなどして提訴することで違憲審査が行われていました。ただその法律が施行されてしまうと違憲性が争えないという、国際的に見て特異な仕組みがありました。

どれだけ人権侵害的な法律であってもその違憲性が裁判所で争えないということなので、国際的な違憲審査の相場観から見るとおかしいと長年言われてきており、フランスでも与野党で問題意識が共有されていたわけです。つまり国際的な人権感覚、それから与野党のコンセンサスが背景にあって初めてできた憲法改正であって、サルコジ氏が二〇〇八年に急にぱっと出してきてぱっと通った案ではないんです。

倉持　フランスの二〇〇八年憲法改正ってテーマ設定がされていましたね。個人の権利保障充実、権力均衡の回復、あとは……。

曽我部　市民の権利の保障。

倉持　そう、その市民の権利の保障の中で、憲法裁判所の事後審査が入ったんでしたね。僕らにとって市民の権利っていうと、プライバシーを尊重しようとかそういう感じなんですけど、フランスでは憲法裁判所という制度の話も含まれていました。

今のお話を踏まえて言うと、憲法のグローバルスタンダードっていうか、あんまりグローバルって言うとよしりん先生に怒られるかもしれないけど（笑）。グローバルスタンダードでは憲法裁判所ってのはどう捉えられているのでしょうか。日本にとってはやはりアメリカという存在が近いので、付随的違憲審査っていう、さっき申しあげたように何か事件があって訴訟が起きないと違憲審査ができませんっていうシステムを、アメリカとともに日本も取っています。

そういう状況の日本では、憲法裁判所っていうとまるで特異なものを導入するという感覚があると思うんですね。最高裁があるのになんで憲法裁判所なんだという反論も予想されます。ただ、そういった日本やアメリカの常識が本当にグローバルスタンダードなのかどうかは疑ってかかるほうがよいと思います。ヨーロッパをはじめ、世界において憲法裁判所は一般的なのでしょうか。

曽我部　数で言うと憲法裁判所を置いている国のほうが圧倒的に多いですね。日本の周りでも韓国、台湾では憲法裁判所があります。ただ実際にそれぞれの憲法裁判所の役割や機能、権限には国によって差がありますね。

小林よしのり　具体的にいうと、共謀罪って、通ってしまったでしょう。あれはあのままでいいのかとかね。特定秘密保護法案のころから、これでいいのかっていう感覚がわしにはあったわけですよ。国家が何を秘密にしているのか何もわからない状況で、われわれは議論させられるのかと、そんなむちゃくちゃなことってあっていいのかと。共謀罪っていうのは刑法のスタンダードな考え方じゃあ全然なく、内心を裁くわけだから、こんな恐ろしい法律が通っちゃっていいんだろうかと。完全に憲法違反じゃないの、表現の自由を侵害してるんじゃないのっていうふうに思っているわけ。

だがまだ共謀罪が適用される事件っていうのはない、誰も逮捕されてない、だからまだ訴えようがないわけ。けれどももし憲法裁判所があれば、今現在こんなのおかしいっていう法律があった場合は訴え出て、やっぱり憲法違反じゃないのって事前に検査できるわけよ。これが事後ってことになると、一度共謀罪を適用され逮捕されなきゃいけない。

倉持　あとはその法律が成立する事前か事後かっていうのもありますよね。つまりさっき言ったフランスの話だと、成立する前か後か。

笹　成立しちゃったらもう変えられない？

倉持　フランスでは大統領が署名する前に審査できるっていう制度だったんです。たとえば強行採決された場合、それで審議が終わりましたっていう瞬間に違憲審査が果たして本当にできるのかどうかとか。それでその後、成立はするけど施行まで時間があったりするわけですよね。

小林　そうだね。

倉持　その間にできるようにするのかどうかとか。

小林　なるほど。

倉持　施行するまで待つのかとか。その辺はやっぱ制度設計ですよね。諸外国でも制度の細かい点は違ったりすると。

小林　どの時点で憲法裁判所の機能が始まるのかっていうことを今、話してるわけだよね。

曽我部　たとえば共謀罪を例に申しあげますと、共謀罪にあたるといって逮捕されたりしてその後、起訴されますよね。起訴されると当然、刑事裁判で争うわけですけれども、その争う中でいろんな主張をして無罪を狙います。

そういう時に、たとえばアリバイがあったかどうかという主張と同じように、確かに事実としてはその通りだけれども、共謀罪という法律を適用して私を処罰するのは憲法違反であるという主張もあり得るわけです。ですから普通の刑事裁判の中で出てくるいろいろな主張の一環として共謀罪は憲法違反だという主張をして、裁判所もそれを取り上げて違憲だと言えば、共謀罪の条文は違憲、無効になるので、その人に対しても適用されないと。その結果、無罪になるということで、そういう普通の事件の中で争うのが日本における今の違憲審査制度です。

小林　なるほど。

高森明勅　先ほどの曽我部先生の基調講演に沿ってお話しします。今回「新世代の憲法論」というタイトルが付いていて、どこが新世代なのかなと興味を持っていました。

今のお話で戦後の憲法論議には、イデオロギー的にとにかく何が何でも改憲、憲法改正しなきゃいけないという戦前型のナショナリズムに立脚した主張があり、それに対して平和と民主主義という、これ自体、妥当で普遍的なものですけれども、それをイデオロギー化して何が何でも憲法を一字一句でも変えてはいけないという、頑な護憲派との対立によって、憲法論議が支配されていた段階があったということでした。

そこを抜け出し、この部分がどうしても不都合だよね、だったら変えようという、プラクティカルなという表現をされましたけれども、新しい段階があるという整理をしていただいて、これが新世代の憲法論と言われるものなのかなと。そこが私、非常に腑に落ちました。今後求められるのはイデオロギー的な議論ではなく、プラクティカルな議論である点、まったく同感です。

その上であえて問題提起的に言うと、安倍首相が自衛隊を明記する条文を書き加えるという改正案を打ち出された。これはある種、プラクティカルな議論なのかなと思います。イデオロギー的な立場からすれば、安倍首相とすれば憲法九条第二項は削除し、ちゃんとした軍隊を自民党の改憲案にある国防軍として位置付けたい。ですがそういう議論にしないで、あえて九条一項、二項を残して九条三項、ないしは「九条の二」として自衛隊を明記する方法により現状を追認することで、憲法解釈上の疑義を払拭できるかのような議論を持ち出してきた。

断固憲法改正は認めないという護憲派と議論がかみ合っていないんじゃないかなと思います。

イデオロギー的な反論をもって護憲派は対立しているけれども、安倍加憲論は外見上、プラクティカルな印象を与えるように議論を組み立てていて、護憲派のほうにむしろ旧時代的な印象を受けてしまうんです。曽我部先生はこういった問題についてどのようにお考えになられますか？

曽我部　九条三項を加えるっていうアイデアに関してはいろんな評価ができると思うんですが、今の自衛隊の存在とか役割をそのまま追認するというかお墨付きを与えるというような形の改正は、私としてはあり得るとは思います。

今までこの点について論争があったことは確かですが、一般の国民の受け止め方として今の自衛隊は必要なものであるというコンセンサスがあると思います。それを条文として明確に書くということは別におかしな考えではないとは思います。ただその場合、今それをやる必要性を説得するという問題があると思います。現状を明文化するだけですので、今やる必要はない。それを今やろうとする以上は何か裏があるんじゃないかと思われてしまう。とりわけ安倍首相ご本人は、少なくともかつてはいろんなお考えを発言なさっていたわけですので、国民から信頼されてないという側面もあるでしょう。その辺がいろいろごっちゃになり、いろんな化学反応を起こした結果、今の世論を形成しているというのが現状ではないかと考えています。

九条三項を付け加えて現状を追認するということ自体、憲法論上はおかしくはないというのが私の意見です。

高森　安倍さんご自身のお考えはどうあれ、安倍さんの加憲案はイデオロギー的な立場からはちょっと転じたような見せ方をしてると。

曽我部　そういうふうにも言えると思います。

高森　それともう一点。憲法を単独で取り上げるのではなく、法制度と一緒にパッケージとして考えるべきというお話がありました。憲法と、たとえば九条であれば自衛隊法や防衛省設置法といった関連法があり、それらをパッケージで捉えましょうというご意見でした。もう一つが、普通の法律であれば各省庁で練り上げたものを政府案として国会に出しますが、憲法の場合は専門家による議論を経ずに国会審議が始まるという、議論の場をめぐるご意見がありました。

この二点についてご指摘いただきましたが、よく考えると実はこの二つはリンクした問題だと思いました。たとえば今回の働き方改革関連法案にしても、厚生労働省で専門的に検討すればこの法律とこの法律をパッケージで変えなきゃいけないという議論が必ず出る。ですから憲法を議論する場をどう設けるかというお話と、法制度をパッケージで議論しなければいけないというお話は密接に関わっていると思います。

曽我部　まさにおっしゃる通りですね。たとえば教育無償化が自民党改憲案の項目としてあがっていますが、これに関係する憲法の条文は二六条ですね。憲法二六条を議論するのは、自民党の憲法改正推進本部、あるいは国会の憲法審査会の役割です。

ただ、具体的に教育無償化はどの範囲に設定すべきかとか、所得制限は必要かどうかとか、憲法の改正案づくりの前提としていろんな制度設計が本来必要になるわけです。それは憲法改正論議とは別立てで、すでに文部科学省等でなされています。実は今、省庁における制度設計と憲法論議のあいだに関連性がない状態です。教育無償化というテーマに沿って議論の場が設けられているわけではなく、日本国憲法にかかわる議論はこちら、それ以外の制度設計はあちらという風に分かれてしまっている。こういうことは問題じゃないかなと思うんです。

高森　憲法と法制度の議論をパッケージにできない統治構造になっちゃってるってことですね。

曽我部　現状、そのようにも言えます。

山尾　先ほど安倍さんの加憲提案が現状追認型のものとして考えれば法理論上はあり得るというお話がありました。ただ現状追認で済むならまだしも、場合によっては自衛隊のあり方や、自衛権の範囲といった重要事項を憲法から外し、好きに法律に落とし込めるように変えるという効果も、読みようによっては読み込めるのではないかという懸念があります。私もこの前予算委員会で質問しましたけれど、自衛隊を巡る違憲、合憲の議論というのは、基本的には二項が戦力不保持、交戦権否認と書いてあるのに、現状では自衛隊が存在し、国民の信頼を得ている。このギャップが議論を呼ぶ根幹だと思います。だから二項をそのままにして自衛隊の存在を付け加えると、むしろこのギャップが固定化され、合憲、違憲の議論は解消されず恐らく維持されます。維持されるどころか、問題が深刻化する可能性もあるのではないかと思います。

次に安倍総理が「九条二項を残す以上憲法上の制約が残る」といった趣旨の発言をなさっていますが、これはいわゆる護憲派の人たちが今まで使ってきたロジックを転用、ある意味では悪用し、逆手に取っている面があると思っています。もし本当に九条二項が政権にとって制約になってきたとすれば、なぜ安保法制は可能だったのか。九条二項が実質的な重しとしての役割をもはや果たしていないのではないでしょうか。

だとしたら、二項をそのままにした憲法を国民投票によって成立させ、二項に自衛隊の存在を書き加えたのは国民の意思であるとなった場合、その事実を踏まえ後から憲法をいろいろ解釈し、自衛権の範囲は憲法から切り離し法律で決めることを国民が良しとした、と政府は解釈するんじゃないかと思うわけです。そうなれば政府にとって楽ですよね。国会の三分の二の議席を持ってさえいれば、自衛権の範囲についても国民投票なしで決められますから。だから私は本当に現状維持を目的とする改憲であればまだマシと考えますが、今の動きにはやはりそれを超える危険性を感じます。その点についてはどうお考えでしょうか。

曽我部　今おっしゃったことは、今の九条の一項、二項を見ると、一項には戦争放棄と書いてあると。二項には戦力は持たない、陸海空軍その他の戦力はこれを保持しないと書いてあると。しかし自衛隊ってのはなぜかある、ということになるのが現状ですよね。つまり九条一項、二項の字面はさっき言ったようなものだけれども、現状はだいぶ違うんじゃないかっていうことです。じゃあ現状に合わせて条文を変えると、そこを起点にまた遠くまで行っちゃうんじゃないかと。そういうご懸念だろうと思うんですけれども、今までのやり方を見ると確かにそういう懸念がないとは言えないというか、そういう懸念をされるのはごもっともなことだと思います。

ですのでそこは、まず一つは新しい条文の書きぶりをどうすべきか考えるべきだと思います。条文の書きぶりの問題は、専門家の方で議論なさっている方もおられますが、非常に難しい問題です。ですのでまずは今及ぶ知恵の範囲で、きちっと現状を固定するようなものにとどめる書きぶりにするというのがまず第一ですね。それとあと憲法改正の国会審議の過程で、解釈の余地を極力減らす方向で議論すべきかと思います。今回の憲法改正は現状を明文化する趣旨であることを何らかの形ではっきり明確化するといった工夫は、最低限必要なんだろうと思います。

それでも後の政府が解釈改憲でやっていく可能性はもちろん残りますし、そういうリスクがあまりに大きいということであれば、国民の皆さんに国民投票においてご判断いただくのは当然だと思います。ただ解釈改憲を制度上どう止めるかというのは、実際問題としては難しいのではないかと思います。また憲法裁判所の話に戻ることになりそうですが、結論から言いますと、憲法裁判所に九条解釈改憲に対して歯止めをかける役割を期待するのはかなり難しいと思います。

山尾　憲法裁判所という新しいものをつくるのか、それとも曽我部先生がおっしゃったように、今の裁判所の違憲審査権を充実させるべきなのか、それは本質的な違いではないと思います。

きょうは学生さんがいらっしゃっているので学校に例えてみます。今教室に、廊下は走らないって書いてあるとします。でも周りを見るとみんな小走りやジャンプをしている。これは小走りだから「走らない」には当たらないとか、ジャンプはいいとか、みんな勝手にルールを解釈しているわけです。それに対してジャンプは駄目だとか、小走りはOKとか言う先生もいないとすると、みんな守る気がなくなってしまう。

私は今の憲法はそういう状態にあると思っています。先日私と同年代の女性と話していたら「法律違反はまずいけど憲法違反はいい」とおっしゃられてびっくりしました。でもこれって結構いいポイントを突いていると思います。憲法って何がよくて何が駄目なのか良くわからない。しかも理想だから現実と違っても別になんかOKだし、OKかどうか誰を信じていいかもわかんないし。だから憲法は守らなくても別にいいかなみたいな感覚は広くあると思います。

小林　この前、久米宏とラジオで対談したんですよ。憲法裁判所のこととかも話したんだけど、要するにもうどっちみち憲法っていうのは守られないんだから、いっそのこと神棚に上げとけばいいんじゃないかと。理想とか理念が書いてあるんだから神棚に上げとけばそれでいいんじゃないかっていうふうに反論してくるわけ。そしたらもう憲法要らねえだろう。じゃあもう憲法やめようっていう話にしかもうなんないのよ、これ。

山尾「だからきちっと守らせられる憲法をつくりましょう」って言うと「どんな憲法にしたって安倍総理は守んないよ」って言われるわけです。じゃあもう憲法、もう要らないかなっていう気持ちとまず戦わなければならないんです（笑）。

この前、井上達夫さんともこの話をしました。その際には、最後に国民という存在を信じているかどうか、国民の力で憲法をつくったり守らせることができるという意味において憲法の力を信じるかどうか、みたいな哲学的な問題に収斂《しゅうれん》されるような話になりました。また憲法裁判所の話に戻りますが、自分だけ学校の決まりを守っていても、破りまくっている友達が誰にも叱られない状態であれば、守っている生徒も守りたくなくなると思うんです。だからこの人の言うことなら聞けるっていう信頼できる人にルールの解釈を委ねるという方法もあり得ると思います。廊下を走ってぶつかってけがをしてからでは遅い、事件になってから違憲審査を行うのでは遅い場合があるということです。

この国において強い権力を持っている人の提案やその人の振る舞いを、憲法上適切かどうか判断できる仕組みを新たにつくる。あるいは今ある仕組みをそのような方向に変えるということは、真剣に考えるべきだと思いますね。

小林　ニヒリズムを超えてる人間は結局そう思うわけよ。でも世論調査によると国民の八〇%は日本がいずれ戦争に巻き込まれると思っている。これすごいよね。もう日本が戦争に巻き込まれるのは当たり前って思っているのに、憲法をどうこうしようという気持ちには全然なってない。ニヒリズムそのものですよ。戦争に巻き込まれないために何とかする方法はないのかって考える人は、ちゃんと正義や悪っていう価値を自分の中に持っている人間だよ。わしのような律義な人間は今の憲法をどのように変えたら戦争に巻き込まれずに済むかって考えちゃうんだよね。

高森　ご自分でおっしゃいますか（笑）。

笹　憲法が戦争を止められるっていう発想にまでなかなか行かないですね。

高森　そこがなかなかつながらないですよね。

小林　だから憲法で何とかしようとする前に、まず絶対に戦争に巻き込まれるのは避けようと強く思わなきゃもうしょうがないじゃない。その次にじゃあ何をやるのかっていったときに、権力の手足を縛ってしまおうと。そのために憲法を変えようっていうふうになるんだから。まず最初に戦争に巻き込まれてたまるかっていう強い意志がないと。

高森　だから憲法論議につながらないんですよね。さっき曽我部先生がおっしゃったことを踏まえて申しあげますと、要するに一般の国民にとって、憲法というのは「危ないテーマ」になっているのではないかと思います。一時期の天皇制がそうだったんですけど、右翼と左翼のあいだにおいて激しいイデオロギー的な対立のテーマになっている。だからなるべく関心を持たず、発言もしない。心をそっちに向けないほうがよいと思われている。

憲法はゴリゴリの左右対立のテーマになっていたので、なるべく関心を寄せない態度が身についてしまっていて、今まで平和だったけれどもいよいよ戦争が起こるかもしれないというとき、そういう態度が目の前の政治問題と憲法論議をつながりにくくしてしまっている。

笹 そういうイデオロギー的な対立が何となくあることは誰しもが感じているのではないでしょうか。私の友人でも憲法は入ってはいけない領域だという感覚、あるいは自分には関係ない問題だという感覚があるんですよね。

山尾 曽我部先生は憲法、お好きですか？（笑）そもそもなぜ憲法を研究されたんですか。

曽我部 よく聞かれるんですが、研究をするようになったのは成り行きなんですね（笑）。それはともかく、憲法って条文を読んでいただくといろんなことが書いてあります。国の基本的な理念や、象徴天皇、国民主権といったことも書いてありますが、他方、議員の四分の一が要求すれば臨時国会を開かなければならないとか、国会の定足数とか、そういういわば身もふたもないルールも書いてあります。いろんなことが憲法には書いてあるんですね。

なので見る角度によって憲法は変わるんです。一般の国民の皆さんは理念とかそっちをもっぱら見られていると思いますが、憲法学者はむしろそういう具体的なルールや組織の規定を見ているので、なかなか国民の皆さんの思いとかみ合わないところがあると思います。

具体的なルールやそのための仕組みは、言ってみれば民主主義の仕組みそのものです。民主主義も実際には仕組みがないと動かないわけですから、その仕組みがどういうものかによって国民の意見の反映のされ方が変わります。

選挙制度を例にとって申しますと、小選挙区制なのか比例代表制なのかで、国民の皆さんの意見が反映される仕組みが全く変わります。だから仕組みの話がとても大事です。仕組みの話は損か得かといった日常的な議論の延長で扱える話なので、皆さんが普段いろんなところでなさっている議論ともなじむわけです。神棚に置いておく理念の部分もありますが、他方では皆さんの生活に直接・間接に関わっている部分も多々ありますので、そういうところに目を向けていただきたいなと思います。

泉美木蘭　その憲法の理念についてですが、私が小学生のときクラスに憲法の前文を暗記している子が何人かいまして、それを文化祭の「私の自慢」っていうコーナーで次々と自慢するということがありました。この平和憲法は学校で暗唱するような良いものだから変えちゃいけないっていうふうにその時点ですでに何となく刷り込まれているわけです。護憲派の方っていうのは言わば、平和憲法っていうものがある日、空からふわぁーっと日本に降って来て、その素晴らしいものに私たちは包まれているから変えてはいけない、って思っているようにも見えます。

実際には具体的に議論することで右か左かではなく、もっとよい憲法をつくることもできるわけですよね。そういう議論に必要なルールや仕組みに詳しいのが憲法学者の皆さんだと思いますが、例えば教育については専門家が議論に入っているのに、憲法については憲法学者の皆さんが議論に入っていないように思います。どうしてそういうことになってしまうんでしょうか。

曽我部　一つは憲法学者というものが世の中から信用されていないのかなとも思います（笑）。仕組みの話で申しますと、憲法改正は国会が発議をして国民投票をすると憲法九六条に書いてあるわけですね。憲法改正の発議、要するに国民に憲法改正のご提案をするのは国会の役割だと書いてある以上、国会議員が憲法について議論しないといかんだろうということになります。ゆえに憲法審査会が衆議院、参議院の両方に設置されており、その前の段階として各政党でいろんな議論をされています。

普通の法律は大体、内閣提出法案といいまして、内閣が国会に提出するものです。内閣の前に各省が条文を考え、内閣で取りまとめて国会に提出し、法律になるという形です。ただ憲法は先ほど申しあげたようにもっぱら国会議員だけが議論するという仕組みになってしまっているんです。こういった仕組み上の制約があるんじゃないかと思います。どういう場で議論をするかということと、議論のやり方とか質、内容がリンクしてしまうという、一つの例だと思います。

山尾　民主主義や立憲主義というような理念の議論って難しいですよね。そうすると具体的な仕組みを先に考えるほうがわかりやすいかも知れません。

先ほどのお話にも出た憲法裁判所についてですが、憲法裁判所はどのタイミングで登場するのかという議論があります。

安保法制を例にとります。三年前、安保法制にはさまざまな議論がありました。もしあのとき憲法裁判所が存在し、違憲審査を行うとすれば、どのタイミングで行うのが良いでしょうか。安保法制が国会で火だるまになり侃々諤々《かんかんがくがく》の議論が繰り広げられていたまさにそのときに憲法裁判所が出ていく、これが一番目、最速のケースです。

二番目が倉持さんもおっしゃっていた、もう夜も更けた深夜、参議院で福山哲郎さんが涙の演説をやって、にもかかわらず安保法制が成立してしまった、まさにあの法案成立直後から実際に施行されるまでの間、ここで憲法裁判所の出番をつくるというケースです。三番目は、施行後にはじめて出番をつくるケースです。

おそらくそれぞれメリットもデメリットもありそうなんですね。一番目の最速のケースのメリットは、憲法の議論と政策の議論を国会できっちり分けられそうだということです。つまり、法案が違憲かどうかはまず憲法裁判所に決めてもらい、その上で政策の議論は国会でやりましょうという分け方ができる。デメリットは、国会審議と別に審査する場合、憲法裁判所は法案が違憲かどうかの判断材料をじゃあどこから持ってくるのかという点です。

小林　要するに条文だけ見て違憲かどうか判断できるのかと。

山尾　法案の成立後から実際に施行される前のケースでは、メリットは国会の議事録も出ていますので違憲審査の材料が出そろっているということがあります。成立後であればある程度物事を中立的に見ることもできるのかなとも思います。

倉持　ですが成立から施行まで間もないケースで、法律の効力を即時停止しなければならない可能性も考えられます。

例えば民法は明治二九年に成立し、施行されたのは明治三一年、施行まで猶予がありました。ただ、例えば一カ月後に施行されるような緊急性の高い法律の場合、施行までの間に違憲審査を行うことができるのでしょうか。実際問題、違憲審査時には執行停止の仮処分が一回だけできるといった形で止められる仕組みをつくる必要があるでしょう。違憲かどうかを争っている間に施行し、だらだら既成事実が積み重なっていくのはおかしい。諸外国にもおそらく法の執行を停止する制度があるのではないかと思います。

山尾 施行した後に違憲審査を行う場合、例えば安保法制だと、もう社会制度や他の法律に溶け込んでしまい、しかも国際関係もすでに動き出してしまっている。

倉持 アメリカとのオペレーションももう始まっています。

山尾 そういう状況で既成事実化していると、憲法裁判所もそれを判断材料にしますよね。こういうふうに具体的な仕組みを考えてみると、結局これは国会と裁判所をどういうバランスで信じるかっていう話なんですよ。国会っていうのはつまり、熟議の上での多数決を背景にした民主主義の機関ですね。でも裁判所は少数者を守るための立憲主義を背景にした機関です。この二つの機関のバランスを日本の社会ではどのように取るべきなのか。違憲審査のタイミングを考えることで、この二つの機関のバランスをかなり具体的に考えることになると思うわけですね。

倉持 同じ制度で同じ種をまいても、法文化という土壌が違うと全然違う花が咲くという現象もあります。フランスでは違憲審査が事前審査だけだったというのは、何か政治的な背景があるんでしょうか。

曽我部 フランスの場合は、これはフランス革命以来の話ですけれども、いわゆる法律というものが非常に大事だと考えられてきました。これはこれでかなりフィクションも混じっているのですが、法律は理性の発露であるというような言い方もされるような法文化の国です。そのフランスにおいて、一度成立した法を民主的意思決定の部外者である裁判所が覆し、違憲、無効であると宣言するのは文化的土壌になじまないことで、かつては非常に抵抗があったと言われています。

戦後の一九五八年にできた今のフランス第五共和制憲法で今の事前審査の仕組みができました。なぜ事前審査にしたかというお話ですが、法律が施行された後に覆すのは先ほどのフランスの法文化の話とぶつかるわけです。ただ法律が条文は確定したけれどまだ一応施行されていないという段階であれば、まだ何とか法文化と両立できると考えたのだと思います。

ただその法文化もだんだん変わってきました。今、国際的に違憲審査制度が非常に発達しています。戦後の世界の憲法の中で違憲審査制度の発達は非常に大きな特徴です。そういう中でフランスも変わってきて、ようやく二〇〇八年に憲法が改正されたということです。これはもともと一九九〇年代の初めに憲法改正の準備がなされた時点で、提案されていた制度です。けれどそのときは流れてしまい、二〇〇八年になって復活し採用されたということで、かなり長い議論があります。

高森　独立した憲法裁判所をつくるとかそういう違憲審査制度をつくる場合、つくり方によっては、先ほど山尾先生がおっしゃっていた民主主義的なルールに従って熟議を尽くして成立した法律を裁判所がひっくり返すということが起こってしまう。少数の法律の専門家によって、民意をバックにした国会の議決が無効になるということは、考え方によっては危ない部分もありますね。

倉持　僕は発想の転換が必要だと思っているんですが、憲法裁判所はおそらく裁判所じゃないんですよ。憲法そのものなんです。憲法が法律をひっくり返すんです。民意で選ばれていない、たかだか司法試験に受かっただけの人間が一五人ぐらい集まって、熟議を経た法律をひっくり返すなんて、考えてみればとんでもないと思われそうですが、憲法の条文と照らし合わせて、これは憲法の規定に抵触しているんだから駄目ですよねって言うのは、専門家の権限によって言うのではなく、憲法自身がひっくり返しているとも考えられます。

高森 なるほど。

倉持 憲法はまさに民意の最高の発露なわけですよ。それと照らし合わせて法律をひっくり返すことが非民主的だっていうのは、本当は少しミスリードかなと思います。

小林 われこそが憲法であるっていう人間がいてもいいってこと？ そこんところはちょっと引っかかるな。

山尾 憲法裁判所は安保法制が良いか悪いか決めるのではなく、安保法制をつくるならまず先に憲法を変えなさいと指摘するだけなんです。政策に○×を付けるには国会の意思が大事ですが、皆さんが選んだこの政策は憲法の中ですよ、これは憲法の外ですよ、ということを憲法裁判所が判断する。民意に基づいていない裁判所が民意に反する判断をしていいのかという話にもなりやすいんですが、そこは頭の中で問題を切り分ける必要があるんじゃないかなと思います。ただそれでも確かに立憲主義と民主主義は衝突する概念なので、いつも小林先生がおっしゃっている「保守はバランスだ」というお話のように、どこでバランスをとるのがよいかという問題があると思います。倉持さんがよくおっしゃっていますが、民主主義が独裁制を生んだ国家、すなわち敗戦国であるイタリアやドイツでは、敗戦の後に憲法裁判所をつくっているそうです。民主主義に対する恐怖感が憲法裁判所という仕組みを国家に内在させているのかもしれません。

倉持　韓国でも盧泰愚《ノテウ》大統領による民主化の流れで一九八七年に憲法裁判所ができました。

高森　立憲民主党という政党があるけれど、実は立憲主義と民主主義のあいだにある程度の緊張関係が存在している。民主的な権力の暴走を憲法で制約しようとするのが立憲主義だから。そこを見落としてはならない。立憲主義と民主主義は必ずしも常に調和的とは限らない。

倉持　憲法の条文というのは、最初にまず総論がありますね。天皇制や戦争放棄について書かれています。ただそれらを除くと、前半には人権というわれわれ国民の権利のカタログが書いてあります。また後半には統治と呼ばれる、国家権力の取扱説明書みたいな部分があります。

われわれ国民には裁判を受ける権利があり、自分たちの権利が侵害されていると思った場合には裁判所に訴えることができます。ただ、この統治すなわち国家権力のトリセツのほうで、裁判所が憲法解釈を掌握しておらず、訴え出ることができない。例えば四分の一の国会議員が臨時会の招集を要求したものの、内閣が開かない。この場合にも訴え出る制度が何もない。首相が一週間ごとにばんばん国会を解散した場合でも、この解散は違憲だと判定する人がいない。提訴する権限が憲法上誰にも与えられていないので、憲法に適合しているかどうか誰も判断できないわけですね。諸外国における憲法裁判所の権能の中では、この統治の部分での違憲判断ができるのがもう一つ大きなポイントだと思います。曽我部先生いかがでしょうか。

曽我部　それこそ政府と沖縄県との対立だけでなく、国会と内閣との対立など、国の中のいろんな機関の間での争いも当然あります。普通の裁判所とは違い、それを判断するのが憲法裁判所独自の権限とも言われます。

この議論には反対ではないのですが、一つ注意しておいたほうがいい点があります。今は憲法裁判所が言うべきときにはちゃんと違憲だと言ってくれるという前提で議論をしていますが、現実問題としては必ずしもそうするとは限りません。これは明らかに違憲だと提訴をしたはずが、憲法裁判所が合憲だと言う可能性も十分あるわけです。

そうすると政府の出した法律が逆にお墨付きを得てしまうことになります。夫婦別姓を認めないのは違憲だという訴訟がありましたが、最高裁は大法廷を開いて今の同氏制度は合憲であると言いました。大法廷は普段、年に数回しか開かれないものです。それをわざわざ開いて夫婦同姓は合憲だと言ったわけです。これで今の民法の夫婦同姓規定はお墨付きを得たんだと政府は主張できることになりました。こういうことが起き得るという前提で、いろんな角度からの議論が必要だと思います。

倉持　いいとこ取りはできないということですよね。

曽我部　なので、ちゃんとした判断をしてもらえるような仕組みをどうやったらつくれるのかっていう、そういうことだと思いますね。

高森　一番基礎的な確認だけしておきたいのですが、憲法裁判所がもしつくられたとしたら、それは三権分立とは別の次元の話なんですか。いわゆる三権とは違うものでしょうか?

曽我部　そうですね。違うというか。司法とは別系列になりますね。

高森　要するに司法権ではないわけですね。

小林　やっぱり国会の議論は必要だよ。あともう一つは、国会の議論が終わって法律が成立したあと、最終的には天皇陛下が御璽《ぎょじ》を押印して公布なさるわけ。陛下は法案を読まれているらしいから。それで陛下が御璽を押してしまった法案が実は憲法違反だったということになると、天皇陛下にとって非常に屈辱的な状態ではないですか。

高森　そうですね。

小林　そこがもう一つの問題だと思うから、やっぱりその前に憲法裁判所に出てきてもらわないとまずいんじゃないかなと思いますけどね。

高森　それは私も考えていませんでした。

倉持　でも首相任命において天皇は内閣の助言に基づいて行うという理屈と一緒で、その違憲の法律をつくった、実質的な審査権のある人たちが本来の問題じゃないですか。

高森　そうなんですが、要は天皇は拒絶できないわけだから。拒絶できない以上は実質的にはそういう問題はないんだけれども、ただ形式的には天皇の権威に関わるんじゃないかという論点はあり得ると思います。

倉持　新しい論点が。

高森　全くですね。法律は天皇の名において公布されるんですよね。これは気付かなかったな。

笹　皆さま、お疲れさまでございました。それでは、時間になりましたので、いったんここで休憩に入りたいと思います。

会場との質疑応答

A（質問者） 市民の側で、法律とパッケージになるような憲法改正を考えていくのは、非常に大変なことだと思うんです。フランスには、こんなゴー宣道場のようなものがあったんだろうか。ちょっとお尋ねしたいと思います。

曽我部 ありがとうございます。そこは大変重要なポイントだと思いますね。

その市民の活動というのは非常に重要でして、日本ですと、得てして市民運動っていうのがうさんくさい目で見られてしまいがちなんですけれども、必ずしもそういうふうに見る必要はなくてですね、いろんな分野で市民の活動が必要、重要なんですね。

で、飲み屋でいろいろ談議してても、それは国政には伝わらないんですよね。なので、きちっとちゃんとした形で提案をしていく、問題提起していく、そのためにはいろいろな手段があります。署名運動、請願とかもありますし、あるいは訴訟をやられている方もいらっしゃいますけども、あるいは議員、地元の議員にいろいろ言って意見を述べていくっていうようなことは、普通の民主主義国家であればやっていることでして。

ただ、私が思うのは、日本ではその社会に存在するいろんな意見が、なかなか国に、国政の場に伝わらないということです。先ほど山尾議員がおっしゃった同性婚の問題にしても、日本にもそういう性的マイノリティーの方々は、それなりにおられるはずなんですよね。しかしそれが今までは全く見えなかった。最近はインターネットが発達して、ある程度見えるようになってきたけれども。それが国の政策にどう影響を与えるか。この問題を管轄するのは主に法務省ですけれども、どう伝わるのかっていうと、そこはなかなか見えてこないところがあって。

国に社会の多様な意見をどういうふうに伝えていくのかっていう、その回路を、制度を整備する必要もありますし、その市民の実践の中で建設的な提案の形で出していく、その積み重ねが回路を太くしていくっていうことだと思いますので、その辺が他の成熟した民主主義国と比べた場合には日本の一つの課題だと思います。

山尾　曽我部先生の論文を、今日に向けてちょっと予習していたら、そういう裁判にいろんな市民団体が意見書を提出できる、例えば中絶の是非とかが論点になった裁判があって、いろんな立場の市民活動とか団体の人が、きちっと裁判で証拠となる資料として、意見を提出し、裁判に参照されて、多様な市民の意見が反映されていくみたいなこと、そういう制度もあるって勉強したんですけど、そういうのもあるんですよね。

曽我部　アミカス・キュリエという制度ですね。

山尾　アミカス？

曽我部　——キュリエっていう制度ですけども、その背景には市民団体があって、日本で市民団体っていうと素朴になんか路上で議論、運動してるようなイメージがありますが、実は欧米の市民団体は、もっと戦略的なんですよね。一つは法律の専門家がちゃんと入っていて、今みたいな形で訴訟になったときに、専門的な議論に耐えるような意見書を提出するとか。あと他方では、世論に訴えないといけないので、PRの専門家が入って、広報戦略もすごくちゃんとやっているとかいうことがあります。日本でも、だんだんそういうふうになってきた部分もありますけれども、まだこれからのところもあると思います。

小林　今まで、市民運動って言ったら、デモばかりやってるとかいう感じで議論すらちゃんとしていないっていうのがあったわけで、それでさっきからずっと言われているように、イデオロギーための市民運動っていうような状態になってるから、それがもう、うさんくさいっていうふうに見られてしまってるんだよね。

だから、今までSEALDsとか、いろいろデモだけでやってた人たちとかも、ゴー宣道場に来りゃいいのになって思うわけよね。で、議論をしてみて、もうちょっと頭使っていこうよってわしは思うけれどもね。

普段、皆さんね、やっぱりめちゃくちゃ忙しいわけじゃないの。家庭やいろんなやらなきゃいけないこともあるよね。子育てとかいろいろあるよ。父ちゃんとかだって、会社から帰ってきたらもうくたくただよ。で、そんな難しい本を読むわけにもなかなかいかないよ。

だから、その中で、本当に今日、こうやって来てくれてる人は本当ありがたいと思うんだけれども、そういう議論をするってなったら、今日なんかだって、若干やっぱり背伸び気味にみんな頑張ってると思う（笑）。それはそうでしょう、当たり前です。背伸び気味に頑張っているっていう状態がこうあるんですよ。それは専門家が話してる部分もあるわけだからね。

けど、やっぱりその熱意は、どうしても必要なんですよね。全く平たい言葉だけでは、ちょっとやっていけないっていうところがあるから。だから、やっぱり背伸び気味にやるっていうことは大事なことで、それがいろんな所で広がっていけば、それはそれでとてもいいんですよ。多分、そういうのがフランスとかでは盛んに行われていることなんでしょう。

やっぱり、カフェの文化とかあるからね。カフェに集まったら、知識人同士だって、がんがんやり合ってるんだから。日本でカフェとかいったら、スタバしかないからね、みんな黙って一切議論しない、朝ご飯だけ食ってるっていう。そういう場所しかないから。だから、やっぱり基本的に議論の文化っていうものを育てないといけない。全部、最終的には、お上がなんかやってくれるだろう、というのが多過ぎる。

曽我部　今の関連で、ちょっとだけいいですか。最近話題の働き方改革は、今のお話とすごく関係していて、自分の仕事と関係ないことをするためには、暇が必要なんですよね。ですので、仕事が早く終わって、今日のような場で話を聞く、で、議論をするというのも大事ですし、あと、さっきの戦略の話をしましたけれども、法律の専門家である弁護士が自分の時間の一部をそういう活動に使ったり、広告の専門家が自分の活動時間の一部を、そういう市民のためのPR活動に使うとか、そういう形でリソースは持ち寄ってやっていくっていうことが求められるんだと思いますね。

倉持　僕の知ってる大手弁護士事務所で、本当にソルジャーみたいに働いてる人は、休みを取った結果、九時五時になったって言ってました。一日休めないんですよ。休みを取って、じゃ、九時五時でいいよって言われる。

高森　それが休みね。

曽我部　九時五時って、朝の九時から翌朝五時までってことですね。

倉持　それがいつもですね。

高森　私が知ってる方はですね、ほとんどの時間をご自分の公的政治的な取り組みに使い、残りの一部を弁護士業務に充てているようですけどね。

倉持　僕のほうを見て言うのやめてもらえますか。

小林　だからね、例えばそういう議論の場を市民でつくっていこうとするときに、やっぱり専門家とか、そういう人たちが協力してくれないとやれないんですよ、本当はね。

今日は曽我部さんは、本当に珍しく来てくれているけれども、他の憲法学者とかは、行きたくないと言う人が多い。しかもそもそも法律のことにど素人の人間には口出してほしくないって言ってるやつだっているんだから。それじゃ、もうむちゃくちゃじゃないか、と。一切国民や市民が関わらない状態で憲法は作らなきゃいけなくなってしまうんじゃない。

現在は、弁護士もいるし、政治家には政治家なりの方法もあるわけであってね、それでやっぱり曽我部さんとか、そういう専門家が来てくれて、何やかんや言ってくれたら、いろいろ考えやすいでしょう。やっぱりそういう市民の議論の場は、この日本には本当は大切なんですよっていうことが、みんなわからなきゃいけないよね、本当はこういう議論がいっぱいできるのが望ましいことなんですよ。

高森　（熱心に聞いている子どもを指し）一番背伸びして聞いている方がここに三人いますけれど。

小林　本当に偉いよね。

山尾　つま先立ちですよね、本当にね、偉いね。

B（質問者）　今日はありがとうございました。実は僕、今、教育学部の三回生で、次は四回生になって、小学校か中学校の先生になろうって思っています。これからの憲法の教育は、どういう方向性で、立場で教えていくものなのかについてお聞きしたいです。やっぱりいくら先生が教室で教えても、家に帰ってスマホを見てしまうので、その情報のほうが生徒には残ってしまうみたいです。道徳もそうで、憲法に限らないことだとは思うんですけれども。特に憲法教育についてお聞きしたいと思います。

倉持　それ僕も聞きたいです。

曽我部　ありがとうございます、これまた大変重要なご質問をいただきました。最初にお断りしておきますが、明確な答えはないということを、まず申し上げてお話をさせていただきたいなと。

ちょうど二週間ぐらい前ですかね、別な所で東京工業大学の社会学者の西田亮介先生と対談をさせていただいたのですが。西田先生が最近出されたご本の中で、政治教育の問題を指摘されていて。戦後の日本の教育っていうのは、例えば政治となるべく距離を置くような政治教育、これ憲法教育も含めてですけれども、そういうことになっていたと。そして、最近一八歳選挙権が実現して、主権者教育、政治教育っていうのが大事だということになっているけれども、しかし今までやってきたことの延長でやると、要するに日本国憲法は三権分立ですとか、基本的人権の尊重と平和主義とか、そういう単なる知識を教えるだけである。こういった指摘がされています。だけど、それは学校を出た瞬間に頭から抜けるというか、単語ぐらい残っているかもしれませんけれど、その程度のもので、だからこのような教育に意味があるのかということになってしまっています。

西田先生は自民党政治がどうだとかいう生の政治を教えるべきだと、ご本の中で書かれているんですが、私はそれがそれほど大事だとは思いません。別に教えてもいいんですけど、それが柱になるのはどうかという意見も申し上げたんですね。

私はそれよりも、例えば学校で、スマホの使い方のルールについて、みんなで考えてみるとか。そのルールを作ることとか。その中で、多数決の意味とか、あと一人、この人はちょっとみんなと違う考え方を持っている中で、こういうときに多数決で決めちゃっていいのかとか、あるいはこういう情報があるけれども、本当にこれはこういう考え方でいいのかみたいな、いろんなものを批判的に読み解く能力みたいなものを磨くと。そうすると家に帰ってからも、ネットのニュースを見てうのみにしちゃうんじゃなくて、いや、これ本当にこんなことがあるのかみたいな目で見る癖を身に付け、批判的な読み解き能力ということですけれども、そういうものを磨くほうがいいんですよ。知識というものは、すぐ古くなってしまって、そういう思考方法を身に付けてもらうというのが大事なんだろうと思うんですね。

それで、今の憲法教育では平和は素晴らしいとか、大事だというだけで終わってしまっているのかもしれませんが、平和のためのアプローチはいろいろあるので、平和を実現するためにはどうすればよいのかを議論をしてみるといった教育がいいのではないかと思います。憲法や政治分野以外だと、教育学部での教え方もそうなってるんじゃないかと思うんですけど、こと憲法とか政治に関しては、なかなかそれが及んでいないかもしれなくて、こうした分野でも、やはりそういう取り組みが大事なんだろうと思いますね。

C（質問者）　山尾先生と曽我部先生にお伺いし

たいんですが、自衛隊の司法的な制度、軍事法廷についていて、どのようにお考えかお伺いしたいです。

山尾　じゃ、私から。軍事法廷と一般的に言われるもの、自衛隊の人が、例えば外国に行って車で誤って現地の人をひいてしまったとか、誤って撃つべきじゃない人を撃ってしまったとか、そういう事例を考えたときに、二つの論点が仮に考えられると思います。一つはそれをどういう法律で裁くのがいいのかっていうこと。もう一つは、それをどういう裁判所、法廷で、誰によって裁くのがいいのかっていうこと。まずそれを整理する必要があると思います。

まず、どういう法律で裁かれるべきかについてですが、今の日本の法律には、今絶対に埋めなければいけない穴があります。外国で自衛隊の人が過失で人を死傷させてしまったときに、日本ではそれを裁く法律がありません。過失犯ってありますよね、誤って人を傷つけた時には過失致傷に該当します。交通事故の場合には業務上過失致死傷などが適用されますが、これは国外の出来事には適用されないんですね。

高森　殺人だったら罪になりますよね。

山尾　故意が認められる場合は殺人ですが、過失の場合は、問うべき罪がないわけですね。まずこの穴は絶対に埋めなければいけません。

これは前に伊勢﨑賢治さんと随分お話をさせていただいた問題なんです。今日本の自衛隊はジブチに行っていますね。日本とジブチとは日米地位協定ならぬ、日ジブチ地位協定を結んでいるわけです。どういう地位協定かって言いますと、日米地位協定の逆で、ジブチに行っている日本の自衛隊が事件を起こしてしまったときの裁判権は、公務中、公務外を問わず、ジブチにはないんですよ。じゃあ、どこで裁かれるのかと言えば、日本の裁判できちっと裁いてくれるでしょうと、そういう地位協定です。でも実は日本には自衛隊の人の過失を裁く法律がありません。こういう無責任な状況をきちっと埋めないといけません。「日米地位協定が自分たちにとって不平等だ」と、自分にとって不平等なことだけは主張して、相手にとって不平等なことはそのままにしていては駄目じゃないのと、そういう話をしているわけです。

で、私も知ったときにちょっと驚いたんですが、この日ジブチ地位協定を結んだのは、申し訳ないけど、実は民主党政権のときなんです。

倉持　言っちゃいましたね。

山尾　あっ、言っちゃった。

高森　どんどん言ってください（笑）。

山尾　自分にとってフェアな扱いを求めるなら、相手に対してもやっぱりフェアな扱いを提示していかなきゃいけないと思うんです。ちょっと話がそれましたが、法律に穴がある以上、絶対に埋めなきゃいけないということです。じゃあどういう裁判官がどういう法廷で裁くのがいいかは、曽我部先生のご意見を聞きたいなと思います。私は裁判官が軍人である必要はないと思います。軍人のことは軍人にしかわからないという意見の方もいますが。

高森　専門性があるから。

山尾　でも私は逆に、当事者より中立な立場の人、日本では職業裁判官がやるべきではないかなというふうに思っています。ただスピード感や場所の問題もあるため、日本の刑事訴訟法と少し違う手続法がいるかもしれないな、というふうに思っています。

高森　軍人が裁くと、裁判官が身内、同僚になっちゃうわけですよね。

山尾　同僚が同僚を裁くっていうのは、ちょっとどうかなって。

曽我部　今の議論で大体尽きていると思います。もちろん罰則に穴があり、正さなければいけないっていうのは、おっしゃる通りだと思います。その上で、軍事裁判所、軍法会議みたいなものは、ちょっと身もふたもない話を言ってしまうと、今の憲法だと違憲なんですね。特別裁判所は禁止されているので（憲法76条2項）、完全に独立した軍事法廷っていうのは憲法違反なんです。
ただし、軍事裁判所の判決に対して高裁や最高裁といった、上級の普通裁判所に上訴ができるのであれば、これは特別裁判所の禁止にはあたらないということになりますので、そういう制度設計は可能だと思います。ただ問題は、そういう必要性があるのかっていうことですよね。今、山尾議員がおっしゃったように、裁判官を完全に軍人で固めるのはあり得ないことです。通常の裁判官によって、通常の刑事手続きをベースに裁判するということであれば、特別な裁判所を作る必要性がどこまであるのかということになり、プラクティカルに考えるべき話だろうと思います。
ちょっと脱線ですが、自衛隊の活動範囲が広がっていくと、今みたいな問題の他にも色々な問題が出てきます。例えば殉職者をどう追悼するかというのは非常に問題で、靖国神社の問題などともつながってくることですね。

笹　殉職者というか、これから戦死者が出るかもしれないですね。戦死者をどう祀るかっていうことですね。

曽我部　そうですね。

高森　ただ戦死者と位置付けられるのかどうかという問題も出てきます。

曽我部　先ほど山尾議員がおっしゃった地位協定の問題は、今まで議論の積み重ねがない中で作ってしまったので、誰にも知られないまま来てしまっているわけですよね。つまり追悼の問題も含めて、自衛隊が海外で広く活動することがどういうことなのかっていうのが、ちゃんと議論されてないことの表れだと言えます。われわれは違憲か合憲かっていうのを一生懸命争ってきたけれども、実際の活動はどうなのかとか、そこで何が起こっているのか、どういう法的問題があるのか、あるいは自衛官のメンタルの問題とか、いろんな問題があると思うんですけど、全然知らないですよね。その辺りもちゃんと意識しないといけないなと思います。

高森　じゃあ現状のまま、ジブチで実際に自衛官が過失致死、過失致傷を起こしてしまった。で、ジブチの人たちは当然正当に裁かれるだろうと期待する。しかし実際はどうなるんですか。たまたまそういう事件、事故が起こっていないからいいようなものの。

山尾　今までカンボジアでやはり交通事故で同様の事例があったときは、法律がないので刑罰は加えられず、内部の処分として懲戒処分になったということです。

高森　これは問題ですよね。要するにジブチの人たちにとっては、そんなやり方ないって恐らく思うでしょうから。

山尾　そりゃそうですよ。自分の家族が他国から来た自衛隊によって、過失とはいえ、怪我をさせられたり命を奪われたりしたら、自分の国の法律で裁いてほしいと普通は思うわけですよね。でもそれがかなわないなら、少なくとも、他国の法律で裁かれるはずだと思っているわけです。

高森　ちょっとひどい話ですね。それともう一つ、頭の体操になるんですが、曽我部先生が必要ないとおっしゃった独立の軍事法廷についてですが、迅速性と専門性という観点から必要だという議論が仮にあったとします。もしそういう軍事法廷を設置するとすれば、さっきのお話では憲法を改正しなければ無理ということでしたよね。

曽我部　制度設計にもよりますが、一審だけで完結する裁判所という制度であれば、憲法改正が必要になります。

山尾　最後は最高裁に上告できるっていう制度設計であれば。

高森　憲法を変えなくてもいい。

D（質問者）　国際法についてお聞きします。三年前の安保法制のときにアメリカからの外圧があったと考えられます。共謀罪のときに、国連越境組織犯罪防止条約を批准するために共謀罪が必要だと、安倍政権はずっと訴えてきました。現在の日本国憲法には、もちろん憲法自体は最高法規であって、国際法については九八条二項で遵守することを必要とするとしか書かれていないんですが、新憲法では国際法はどのような役割を果たすべきか、先生のご意見をお伺いしたいと思います。

曽我部 そこは憲法上の位置付け自体を変える必要はないと思います。つまり今の憲法は九八条二項で、条約を誠実に遵守する義務を日本政府に課しているわけです。その中で条約の効力の強さは、憲法よりは下だけれども、法律よりは上であると、そういう理解が、実務でも学説でもなされています。ですから、条約に違反する法律は許されないということになるんですね。その辺は別に変える必要は全くなくて、このままでいいと思います。

他方、例えば人権の分野で言うと、今、国際人権というものがかなり発達し、国際人権のある種の相場観みたいなものがかなり出来上がってきているわけです。これに基づいて日本が批判されることは多々あります。一つは死刑の問題、つまり死刑廃止の動きはかなり国際的に広がっていて、いわゆる自由民主主義国家で死刑を残している国は、日本を含めてごくわずかであるということですとか、あと同性婚の問題もそうですし、あとヘイトスピーチの規制の問題とかいろいろあるんですけれども、日本政府は基本的に、そういう国際人権の考え方にかなり冷淡でありまして、そこはもうちょっと意識を高めていく必要があると思います。

高森 ありがとうございました。さて、最後にバシッとまとめてください。

小林 いや、これは難しいですな。

山尾 さっき背伸びが必要だっておっしゃっていたじゃないですか。

小林 背伸びが必要ですな、非常に。こうやって専門の学者さんが来てくれればね、こっちの勝手な理想や恣意的な感情だけで議論が暴走していくことはないから。とてもありがたいですよね。で、その中で、さらにわれわれは考えなければいけない。

例えば皇后陛下がね、あきる野市に行かれて、五日市憲法を見られて、明治の時代にはもう民間人が憲法を一生懸命作っていたと、そういう知的な水準に達していたと皇后陛下はわざわざ言われたのは、上から押し付けられた憲法だけで皆さん本当に大丈夫なんですか、やっぱり国民の皆さんがたも、明治の頃のように今こそこぞって議論をなさってもよろしいんではないでしょうか、っていうような意思が込められていたんじゃないかなとわしは思います。だから、国民の側から考えていこうということですよ。

軍隊は「悪」ですか？

笹幸恵

一体何の「実力」か

「自衛隊員に『君たちは憲法違反かもしれないが、何かあれば命を張ってくれ』というのはあまりにも無責任だ。そうした議論が行われる余地をなくしていくことが私達の世代の責任だ」

参院本会議（平成29年11月21日）で、安倍首相は民進党の大塚耕平代表の質問に対しこう答弁した。これまで政府は一貫して「自衛隊は合憲」という立場だった。いきなり「憲法違反かもしれない」とちゃぶ台返しを食らった自衛隊員こそ、一番驚いただろう。

とはいえ、実際のところ「違憲かもしれない」という議論の余地をなくす必要は確かにある。その意味においては、私も「改憲派」だ。

けれど、九条一項、二項を残したまま三項に自衛隊を明記する「安倍加憲案」では、議論の余地をなくすことはできない。二項は「陸海空軍その他の戦力は、これを保持しない」とあり、たとえ三項に自衛隊を付け加えたとしても、「自衛隊は戦力か否か」という不毛な論争は続くからだ。本当なら、ここをハッキリさせるほうが先決だろう。自衛隊を明記しさえすれば全部チャラになるというような単純な話ではないのだ。

現在、自民党憲法改正推進本部は九条の二を新設し、次のように自衛隊を明記する案をまとめている。

前条の規定は、我が国の平和と独立を守り、国及び国民の安全を保つために必要な自衛の措置をとることを妨げず、そのための実力組織として、法律の定めるところにより、内閣の首長たる内閣総理大臣を最高の指揮監督者とする自衛隊を保持する。

あーーー、逃げてるよ。また、逃げてるよ。「実力組織」って何なんですかね？　何の「実力」

なんですかね？

言葉尻だけゴマかして本質を議論しない悪癖、いい加減やめませんか。

そもそも、ですよ。

軍隊はそんなに持っちゃいけないものなのですか？

軍隊は「悪」なのですか？

アメリカも中国も韓国も、軍隊を持っている。第二次世界大戦の敗戦国であったドイツもイタリアも、永世中立国のスイスだって持っている。日本人はそれを非難していない。それればかりか、自分たちはアメリカの軍隊に守られていることを知っている。

軍隊はそんなに持っちゃいけないものなのですか？

護憲派の人々は「戦前回帰だ」と言うかもしれない。あるいは「軍隊は暴走する」と言うかもしれない。だけど今の自衛隊に嫌悪感を持っている人はほとんどいない。自衛隊が「軍隊」になった途端に悪の権化のようになって、暴走を始めるとでもいうのだろうか。必要なのは、国を守るための武力集団（軍隊）の存在を認めた上で、それをどうコントロールするか、という議論ではないのか。

日本が駆使する二枚舌

ところで、もし二項を維持したまま自衛隊を「実力組織」として明記した場合、どうなるのか。何の実力かわからないけど、少なくとも戦力ではない。要するに軍隊ではない。

すると憲法上では「軍隊ではない実力組織」という、国際社会には存在しない奇妙な組織が誕生することになる。こうなったらなったで、たとえ違憲論議に終止符を打つことができたとしても、今度は国際法上の軍隊に相当するのかどうか、という新たな（そしてややこしい）議論が浮上するだろう。

軍隊ではない曖昧な「実力組織」では、逆に自衛官の命を危険にさらすことにもなりかねない。

今後、もしエルサレムを巡って中東で戦争が起き（あり得ないことではない）、平和安全法制に基づいて自衛隊が派遣され、たとえば捕虜になった場合、捕虜待遇条約（ジュネーヴ第三条約）の適用を受けない可能性も出てくる。「捕虜は常に人道的に待遇しなければならない」という規定の範疇に自衛隊員は入らないかもしれないのだ。

少なくとも今は、自衛隊は国際法上の軍隊と見なされている。そのため各国に派遣された防衛駐在官は、軍人（駐在武官）として武官団の一員となり、軍人でなければ行けない場所、見ることができない演習なども視察できる。受け入れ国に対し、自衛官や訪問する自衛隊の部隊は、日本の軍人・軍隊に相当すると説明しているからだ。

ちなみに多くの国では軍人のステイタスも高いし、リスペクトされている。

二〇〇八年、私は海上自衛隊の遠洋練習航海（海上自衛隊幹部候補生学校を卒業した初級幹部が練習艦に乗って実務を学びつつ、各寄港地での友好親善行事にも参加する航海）の取材でブラジルに行った。この年は日本とブラジルの交流一〇〇周年に当たり、各地でさまざまなイベントが行われていた。リオデジャネイロで乗艦した私は、初級幹部にあれこれと生活面で面倒を見てもらった。

サンパウロに寄港したとき、親しくなった初級幹部数人と街まで出かけた。港の周辺は治安が悪いから、彼らは制服着用である。

「エスコートしましょう」なんて言われウカれて出かけたものの、街に出れば彼らは注目の的。カタコトの英語とジェスチャーで、「彼らと写真を撮りたい」となぜか私に言ってくるブラジル人。一人が写真を撮り出したらもうアウトだ。人だかりができ、次から次へと写真撮影の要望が出てきてしまった。

「はーい、順番ですよ～。次の方。はい、チーズ！」

人員整理してせっせと撮影をこなす私は、もはやマネージャーと化していた。

ブラジルは親日国だけれど、彼らは日本人だから人気があるのではない。日本の軍人だから、人気があるのだ。帝政ロシアを打ち負かし、アメリカに立ち向かっていった日本軍の末裔だから、人気があるのだ。

翻って国内はどうか。駐屯地や基地がある街は別として、自衛官が制服を着たままあちこちに出かける姿はほとんど見ない。公用車で移動するのでない限り、制服一式を持ち歩いて、然るべき場所でこっそり着替えている。なんと肩身の狭いことか。かつて、晴海を出港する砕氷艦「しらせ」の自衛艦旗（旭日旗）を見て「日の丸に揚げ変えさせろ」と言った文部大臣もいた（法律で決まっているのにね）。

日本は軍隊や軍人に対する認識が特殊であり未熟なのだ。敗戦のトラウマが今なお根強く残っており、「羹《あつもの》に懲りて膾《なます》を吹く」状態が続いている。

さて、話を元に戻そう。

憲法上では「軍隊ではない実力組織」と規定されたとしても、日本はおそらく国際社会に向かって、今まで同様「この組織は国際法上の軍隊に相当する」と言うだろう。従来の自衛隊と何ら変わりはない、と。

けれどせっかく憲法について議論するなら、そろそろこんな二枚舌を止めたらどうか。今だって、防衛駐在官はいったん防衛省を退職し外務省員となってから、再度自衛官に併任するという小手先の手続きを経て「外務事務官」として任務に当たっているのに、相手国には軍人として扱ってくださいというダブルスタンダードだ。

本当はこうしたゴマカシを白日の下にさらし、軍隊を持つこと、シビリアンコントロールの体制をしっかり築くこと、必要ならばその内容を憲法に明記し、あるいは関係する法律を変えること、こうした観点で議論して初めて憲法論議は意味を成すはずだ。

「責務の完遂」の先にあるもの

付け加えて言えば、警察官や消防員といった公務員は皆「服務の宣誓」を行う。自衛隊員も例外ではない。多くは誠実に職務を遂行することを誓う内容だが、自衛隊員の宣誓を他の公務員と横並びに見ることはできない。

「事に臨んでは危険を顧《かえり》みず、身をもって責務の完遂に務め、もつて国民の負託にこたえることを誓います」

要するに「死ぬことも厭《いと》わず任務に当たる」ということ。そこが他の公務員と決定的に異なっている。

国家と軍の存亡は不可分だ。たとえ皇帝や大統領が負け戦になって亡命しても、国家は滅亡しない。しかし軍隊が壊滅するとき、それはすなわち国が亡びるときだ。また自衛隊は物を破壊し、人を殺傷する武器を有している。強大な力を持つ彼らが、他の危険な業務に従事する公務員と同じ扱いであることがそもそもの間違いなのだ。より厳しい規定が必要なのは言うまでもないし、「危険を顧みず、身をもって責務の完遂に務め」て国家と命運を共にするのだから、それ相応の処遇をする必要がある。

ところが現実はそうなっていない。処遇に関しては、例えば軍人に与えられるはずの勲章が自衛官にはない。苦肉の策として、現役自衛官はその経歴や功績に応じて、防衛大臣が定めた「防衛記念章」が付与されている。制服の左胸に付いている小さな長方形の「き章」バッジがそれだ。見かけは他国の軍人と同じになった。しかし悲しいかな、国家から与えられた「勲章」ではないことが決定的な差だ。自衛官は自嘲してこれを「グリコのおまけ」と言う。見てくれは同じでも、それほど価値が違うのだ。

さらに問題なのは、自衛官が「戦死」した場合の取り決めが何もなく、議論さえ行われていない点だ。

訓練など任務遂行中に事故で亡くなることを

「殉職」という。しかし戦闘で命を落とした場合、正しくは「戦死」だろう。自衛隊発足から六〇年余、幸いなことに「戦死」した自衛官はいない（ちなみに朝鮮戦争で掃海業務に従事した海上保安庁所属の「日本特別掃海隊」では、掃海作業中の触雷で一人が死亡している。戦闘地域での掃海業務は戦闘行為に当たり、戦後日本における最初で最後の戦死者といえる）。

今後、自衛官が「戦死」しないとは言い切れない。むしろ平和安全法制の施行によって、その可能性は飛躍的に高まったと言っていい。

国家のために命を賭して戦い、そして亡くなった者は、国家をあげて顕彰《けんしょう》される。これはどの国でも行われていることだ。アメリカのアーリントン墓地のように、戦死者の存在に敬意を払うからこそ、外国の元首はこの地を訪れ瞑目する。

日本にはそうした場所がない。殉職者の碑は東京・市ヶ谷の防衛省敷地内にあり、ここに祀《まつ》るという手もあるが、そもそも一般の人が簡単に入れるような場所ではない。一方、かつてのように靖国神社に祀るといっても、「靖国で会おう」と言って散っていった日本軍兵士たちと今の自衛官のメンタリティが同じかどうか。地方の護国神社に合祀された殉職自衛官家族が訴訟を起こした例もある。果たして我が国は、命を賭けて戦った人をどのように弔い、顕彰していくのか。

自衛官が戦死するなど「何を不吉な」と思う人もいるかもしれない。だが現実を直視せず、イザことが起きるまで放置することのほうがはるかに無責任ではないか。

軍人は富や名声のために命を懸けるのではない。武士と同じく、名誉のためならば従容《しょうよう》として死をも受け入れるのである。けれど我が国では叙勲もしない。国家存亡の礎となった将兵を顕彰する国立施設も持たない。国を守るために「危険を顧みず、身をもって責務の完遂に務め」ることを誓わせた自衛官の死を受け入れる覚悟だってできてない。軍事忌避《きひ》病に罹っている日本人はあまりに幼稚である。

本当なら、安倍首相はこう言うべきなのだ。

「自衛隊員に『君たちを顕彰することはできないが、何かあれば命を張ってくれ』というのはあまりにも無責任だ」

憲法に自衛隊を明記すれば事足りるなどという考えは、結局のところ、それを唱える人々の自己満足に過ぎないのである。

九条アンタッチャブル―ゴー宣女子部②

――（①から引き続き、休憩室のマッサージチェアでくつろぐ二人）

泉美木蘭　私はまともに九条を読んだことがなかったんです。そういう条文があって、何だかもめているっていうのは知っていたけど、実際九条に何がどう書いてあるのかっていうのはよく理解していなかった。それこそ「太宰治を読んだことはないけど、太宰治は中二病だ」みたいな、パッケージ化されたイメージがありますよね。それと同じ。もめ事の元になっている九条っていうのがなんかあるようだと。

笹幸恵　うん、もめるから九条はとりあえずアンタッチャブルで。

泉美　そうそう、アンタッチャブルなんですよね。

笹　そうしていつの間にか遠い存在になっていて、そのままでも日常生活は送れちゃうもんね。

泉美　そうそう、だからみんないつまでそんなに揉めてるんだろうって思ってました。笹さんより自分はもっと、なんかこう堕落した白痴状態の感じでした。

笹　いやいや、アンタッチャブルなんだからどうしたってそうなりますよ。

泉美　何をそんなに揉めているんだろう、うまくいかないわね、みたいな所で思考が止まっていたわけです。でも条文を読んだら、普通の国語力があれば「なんだこれ、書いてあることがむしろ逆さまじゃないか」って思うんだけど。でも条文さえ見たことがないまま、九条はとにかくアンタッチャブルで、それを変えようとする人はなんとなくやばいっていう、パッケージのイメージだけが頭に入ってしまっている人は、実はかなりの人数いるんだろうなって思いますよね。

笹　そうですよね。なんか自分たちとは縁遠いもの、触っちゃいけないものっていうふうになってて、意識の外に追いやられてしまっていますよね。憲法とか法律だけじゃなくて、ほかにもそういうものがあるのかな。

泉美　あるかもしれないですね。日本人のいわゆる世間体みたいなものも関係あるかも知れないし。プラクティカルな議論が出来なくて、イデオロギー論争しか今はないっていう。

笹　結局イデオロギーって、日本においてはムラなんだよね。保守とかリベラルとかという名で結び付いたムラ社会みたいな。

泉美　そうそう。

笹　そこに安住しちゃうもんね。

泉美　うん、だから右のイデオロギー、左のイデオロギーどっちについても、あんな村に入ったら危ないから、憲法のこととか天皇のこととかしゃべっちゃ駄目よみたいな、そういう暗黙の掟がありますよね。

笹　世間体もありますしね。

泉美　日本人の世間っていうものを過剰に重んじる姿勢が、フランスのカフェ文化みたいに街中で気軽に政治談義をするようにはなかなかならない理由の一つになっているような気がしますよね。

笹　むしろ働き方改革でね、時間外労働を減らせたとしても、それこそ九時五時になった場合に、時間があったからといって、その議論を深めるための努力を日本人は果たしてするだろうかって思ってしまうんですよね。こういう見方はニヒリズムかな。

泉美　笹さんはそういうニヒリズムからどうやって脱出なさったんですか？

笹　私の場合は、とにかく戦争とか自衛隊とか安全保障とか、そういう分野にすごく興味があるので、あっちこっちに顔を出していると必然的に国家観を互いに話したり、考えたりするんですよね。でも憲法を具体的にどう変えたらいいかまではなかなかわからない。自分で率先して議論をするとか人の議論を聞くという発想はなかったですよね。

泉美　私もゴー宣道場に参加するまでまったく知識がなかったんです。たまたま小林よしのり先生からゴー宣道場でブログ書かないかっていうお話をいただいて初めて参加したんですが、本当に失礼な話だけど、実はその頃はまだ『ゴーマニズム宣言』を一冊も読んだことがなかったんです。小林先生の事務所に行って、おぼっちゃまくんの人形が置いてあるのを見たというだけのことを友だちに自慢しているくらいのレベルでした（笑）。何が右翼で何が左翼かさえよくわかっていなくて。

　ゴー宣道場に初めて登壇することになったとき、たまたま慰安婦問題の回だったんです。いや私、何もわからないんですけどって小林先生に電話でお話ししたら、今から教えるから来てくださいって言われて。小林先生からマンツーマンで二時間みっちり慰安婦問題の話を聞いて「大変なことになってしまった」と思いながら参加したんですよね（笑）。

　でもそういう状態からでも、たまたまゴー宣道場に出会ったことでなんとかニヒリズムに陥らずにいられたことは幸運かもしれないですね。

笹　ゴー宣道場がなかったら、立憲的改憲という考え方が存在するということも知らなかったかも知れませんよね。まさに目からうろこで、新しい世界というか、捉え方があるんだと知って、視野が広がった感じがします。

泉美　そうですね、私も視野が広がったのと、あと議論する姿勢を学んでいる場所なのかなと思いますね。自分の言いたいことを一方的に主張して相手を説き伏せるっていう議論ではなくって、お互いに相手の話をよく聞いて考える柔軟な議論ができるというか。普段の生活でも友達と議論する癖みたいなものができつつあります。

（了）

あとがき鼎談

小林よしのり
井上達夫
山尾志桜里

山尾志桜里　このゴー宣道場では、一般の国民市民の方々がいて、憲法学者がいて、師範のみなさんがいて、そして私が政治家として、いさせてもらっている。それで、立憲的改憲をめぐって議論している。この場がどういう場なのか、どういう意味があるのかを、改めて考えてみました。

今の第二次安倍政権で、私が二期目の議員として戻ってきたとき、非常に感じたのは、やっぱり相当強い政権であるな、ということです。野党が、当事者や有識者とつながって、世論をてこに動かしていくしか手がない。

でも逆にいえば、その連携によって世論を動かせば成果を出せる、ということです。

二〇一六年に私が待機児童問題を取り上げて活動したときは、実際、当事者とつながり、世論とつながったことで、状況を動かすことができました。

二〇一七年には、天皇退位の問題で、私はゴー宣道場という場に登場させていただき、そこが、ゴー宣道場との連携のスタートになったわけです。あのときも、高森先生とか、倉持さんとか、もちろん小林先生とか、長年論陣を張って、知識を蓄積した人たちとつながることができ、それを政党とつなげることで、大きな成果を出すことができました。

その成功体験を生かして、同じ二〇一七年に、共謀罪に取り組みました。あのとき、共謀罪はテロ対策だという印象操作的な刷り込みをされ、それを真に受けた世論は、最初、賛成が反対を上回っていました。

この世論を動かさなければ絶対に採決されてしまうというので、小林先生に衆議院の法務委員会に参考人という形で来ていただいて、学者とは違う一石を投じていただいた。それが、それまで自分事としてとらえられていなかった国民市民を動かして、実際に世論が逆転したわけです。残念だったのは、賛否が逆転した瞬間に、これ以上やると逆転現象が強まるというので、中間報告という形で、委員会採決すら飛ばして、とにかく成立させるということをやられたことですけれども。

今回は、ことが憲法改正なわけですね。今まで、有識者とつながったり、当事者としてつながったりして、体験的に学んできた成果の出し方をここでも生かしたいですが、今回は、それまでと違うところがある。

それは、憲法については、論点整理すらされておらず、各人がばらばらに議論している。共謀罪だったら、賛成派の人と反対派の人がいる。生前退位についても、退位そのものの賛否、制度化への賛否、法制度の選択など少なくとも論点は整理することができた。しかし、憲法については、論点も未整理で、しかも政策論と法制度論と運動論が錯そうしていて、議論の場がつくりにくく、つながりにくい。

もちろん井上先生とか、よしりん先生みたいに、哲学と信念がずっと一貫していて、二〇年ずっと言ってきた、みたいな方たちもいるけれど、例外です。多くの有識者も、国民も、場合によっては政治家も、そうではない。みんなが共有している知識、共有している方向性、共有している選択肢がない。

そんな中で、安倍総理の改憲案、三項加憲案が世の中に投じられた。それと別の、まともで多様な選択肢があるんだと示すためには、それを選択するための共通の知識ベースが必要であり、それを作る場が必要だとすごく感じたわけです。議論によって、一人ひとりが自分の頭で考えて、いくつもの選択肢があることを知るような場所が。

少なくともこのゴー宣道場は、その知識のベースを作る——私はすべての議論の場を知っているわけではないですけれど——数少ない場所の一つだ、と思います。

で、憲法学者の方、お二人に来ていただいて、お話を伺いました。憲法学者の方は、私の改憲案はこうです、とはあんまり言わない。逆に憲法は一文字も変えてはならない、私は護憲です、ということもあんまり言わない。

憲法を変える議論をしている以上、憲法学の観点から、立憲的改憲も理屈的には一つの選択だね、と言ってもらえるよう、憲法学者の皆さんと議論をしたいし、私たちの案に足りない部分があるなら補充をしてもらいたいし、反論があるならその反論を受けて再反論をして、より説得的な立憲的改憲にしていく、という過程になればいいと思います。そうなれば、ゴー宣道場はさらに重要な場となるんじゃないかなと感じています。

小林よしのり　わしは憲法学の先生の話を聞いて、戦前は天皇主権、戦後は国民主権、と必ず言われるのが、ちょっと癪にさわる（笑）。戦前は天皇主権って、おかしいんじゃないの、と。だって、戦前は美濃部達吉の天皇機関説だから。ね。それが当時の憲法学者の定説だったのだから。

それを戦前は天皇主権だったたって、権威ある憲法学者でもそう考えているわけか。つまり、宮沢俊義の憲法学をそのまま踏襲しているんだなあ。それはわしの考え方とは違うなあ、とか思ったりしたね。

あと、曽我部さんが、安倍加憲案にも一定の理解ができるとおっしゃっていたことにわしは驚いた。

今必要なのは、まさに集団的自衛権の封印だと思うんだよ。イラク戦争で、すでに危険なことが行われているんだから。もしあのとき、集団的自衛権がすでに行使されていたら、やっぱり後方支援という形で、ペルシャ湾とかホルムズ海峡とかまで自衛隊は行ったでしょう。それでなくても、当時、自民党から、そこまで行けるという話が出ていたのだから。

そのときに、戦争状態になってしまった場合は、自衛隊をどう守るのか。非常に実践的な意味で、このまま行くとまずいんじゃないの、というのがわしにはあるよ。

今現在、日本が属国状態である限りは、まず集団的自衛権を封印するしかない。そうやって戦争になるのを食い止めるしかない。主権を完全に取り戻せる日が来たら、集団的自衛権を解除してもいいかもしれないけれど、今の時点においていちばん急がれるとこはそこだ、とわしは思うから。わしの考え方では、これこそプラクティカルだ、と。

井上達夫　そういう憲法の議論をする場が必要だと、憲法学者は護憲派を含めて言うわけだけど、そういう場をつぶしてきたのは護憲派ですから。右から改憲論議が持ち上がったときに、今回も安倍政権が改憲を切り出すと、もっぱら「反対、反対」しか言わず、議論自体は封印しようとする。

私はずっと、護憲派こそ憲法破壊勢力になってしまった、と言い続けてきた。集団的自衛権以前に、世界有数の武装組織の自衛隊と、世界最強の戦力であるアメリカと一緒に防衛戦争をやる日米安保が、九条二項に違反しないなんて、個別的自衛権・専守防衛の枠内でも言えないはずなのに、それを認めてきたわけですよ。これはプラクティカルだからいいとか言ってすませる問題じゃないですよ。憲法を、憲法学者が蹂躙しているんですよ。

原理主義的護憲派は、違憲でもいいけど、専守防衛の中で凍結しろ、と。違憲状態で凍結しろというのが何で護憲になるのか。それを憲法学者が言うわけですよ。

それから修正主義的護憲派は、専守防衛、個別的自衛権の枠の中だったら、自衛隊は警察もどきの実力組織だから、合憲だと言う。こんなのは真っ赤な大嘘だといってきましたし、この本の冒頭の原稿（「九条は裸だ」）の中でも言いましたけど、それが政治的に賢明かどうかと言う以前に、憲法を守れない国民というのが、はっきり言って恥ずかしいんですよ。

私は昨年、ゴー宣道場に出たけれど、それはちょうど、ポルトガルのリスボンでの国際会議の直後でした。そのリスボンの会議では、「constitutionalism and national security」、つまり「立憲主義と安全保障」というテーマで話して、私は普段日本のことを言わないんだけど、そのときは日本の現状についても話しました。

日本には立派な九条二項がありながら、みなさん見ての通り世界有数の自衛隊があって……云々ね。

そしたら、中国の女性の研究者から、

「立派な憲法を持っていて、国民の誰も守らないのは、中国と同じですね」

と言われた（笑）。中国にも集会結社の自由はあることになっているし、表現の自由もあることになっているけど、誰も信用していない。日本の状況はそれと同じというわけです。

護憲派の憲法学者と話すと、大体二つのことを言う。「いや、正しい憲法改正ならやってもいいですよ」と。それから「安倍政権の下では絶対やらせませんよ」と。

では――ここが問題ね――自分たちが政権を取ったら、自分たちが正しいと思う憲法改正をやる気があるんだったら、政権を取る前に、国民にそれを訴えて、私たちの憲法改正案はこれだ、と提示して説明する責任があるはずでしょう。護憲派勢力が政権をとって、専守防衛・個別的自衛権の枠ならオーケーという、今、山尾さんたちが言っているようなことを言うなら言えばいいし、いや、文字通り、実力組織としての自衛隊は解体するんだ、というような、もっとラディカルな方向に行きたいならそう言えばいい。

それが、政権を取るまでいっさい「反対だ、反対だ」と言っときながら、取った後にいきなり改憲ではだまし討ちでね。民主主義にも反する。

ともかく、憲法学者や自称民主主義者がこういう現状を恥じないというのは、なんと不思議な国にいるのかと私は思うしかない。ディストピア（逆ユートピア）というか、カフカ的な不条理世界。

山尾　まあ、九条二項が、自衛隊と安保を違憲の疑いがある存在にすることによって、抑止力――いわば「重し」としての効果が今まであった、とおっしゃる方がいるわけですよ。

でも、そこで二つ言いたい。一つは三年前、安保法制が通ったという事実をもって、その「重し」たる役割は終えたか、あるいはそもそも「重し」ではなかったか、ということです。

もう一つは今、安倍総理はある意味、その「重し」を逆手にとって使っていますよね。自分は九条二項っていう「重し」はそのままにしておくんだから、自衛隊を明記しても、九条二項の「重し」がかかるんですよ、と。まったく逆説的に、護憲派が言うところの九条の抑止力、同じ「念力」みたいなものをご自分も使っている。

やっぱりそこのところを何かの理屈で乗り越えないと、安倍加憲なるものに対して、正面からなかなか批判できなくなっちゃいますよね。

井上　そもそも安倍首相の改憲案はものすごくいい加減でね。九条二項を残しておきながら自衛隊を認めるって、これ、今の解釈改憲の実態を、憲法でそのまま固定しちゃうわけでしょ。

正規の憲法改正手続きに訴える唯一の理由は、この解釈改憲でごまかすのをやめようということなんでね。でも、九条二項を残している、と。

もし三項で「前項の定めにもかかわらず、自衛のためならば戦力の保有行使はこれを認める」と書けばいいけど、そう書かないんだから。二項をいっさい変えることなしに三項で自衛隊を認める。

そうすると、そもそも、その自衛隊って何ですか、ということになる。その憲法上の定義はすべきだ、と駒村圭吾さんが言っていたよね。すでにある安全保障関連法規に自衛隊という言葉があるから、それですますというんじゃダメだよ。そうしたら、法律によって憲法を定義することになるわけだから。法律上の概念を憲法が先に定義しておかなきゃいけないんだけど、そしたらそこで同じように、自衛隊とは戦力未満の実力組織です、とかそういうことを本当に書かなきゃいけない。自衛隊をどこまでの存在として認めるのか、ってことね。

それは、いくらいい加減な安倍改憲案でも、ちゃんと憲法改正案としてやろうとしたら、ごまかせないわけですよ。本当はそこで議論しなきゃいけないんだけど、それもしないで、ただ抽象的な三項で自衛隊を認める、と。

やっぱり、特に立憲民主党が、山尾さんみたいな人を中心として、党として九条二項の明文改正で、専守防衛・個別的自衛権の縛りの中で自衛隊を戦力としてはっきりと認知するんだ、ということをバーンと打ち出せばいい。そうすれば、今は安倍首相の支持が落ちているから、自民党の中の、今まで黙っていた反安倍勢力なんかが、立憲民主党から筋の通った改憲案を出されている、おれたちのは中途半端でおかしいと言って、もっと骨太な右っぽい改憲案を出してきたら、国民に明確な選択肢が提示されると思うんですよね。

小林　モリカケ問題で、あれほど安倍政権の支持率が落ちちゃっても、野党の支持率が上がらない。なんなのこれ、っていうくらい上がらない。結局みんなが望んでいるのは、自民党の中での交代、石破か誰かに変わればいいって話でしょ。野党に本当は期待してないのよね。その感覚を変えないと、そりゃ若者だって自民党支持になるさ。当たり前の話よ、それは。

野党は、もうちょっと積極的に、日本のビジョンをこのように作っていくっていうことを言い始めないと。それは立憲民主党が言えるはずなんだよね。立憲主義を掲げたんだから。自分の党の議員たちに、護憲がいいのか、立憲主義がいいのか、それをはっきりさせようじゃないかという議論をやったほうがいいんじゃないかな。

井上　それと、私が重要だと思うのは、単に対抗上、立憲的改憲を打ち出すべきだというだけじゃなくて、これまで護憲派が言ってきたことに、ちゃんと落とし前をつけさせろ、ということ。護憲派には、それをする義務があると思うんです。

どういうことかというと――枝野幸男さんもある意味で、修正主義的護憲派ですよね。専守防衛・個別的自衛権の枠内だったら自衛隊・安保はオーケーなんだ、と。だとしたら、それを統制する規範が憲法にないのはおかしいでしょう。

私は、戦力統制規範を憲法に盛り込め、と言っているけど、九条で戦力がない建前ですから、戦力統制規範を憲法がもてない、それが問題だと言っている。

しかし、仮に、自衛隊は戦力ではないとしましょう。戦力ではなく、戦力未満の実力組織として自衛隊を持っています、自衛隊という世界有数の実力組織を持っています、と。それは今の九条でオーケーですと認めたんだったら、その行使手続きが憲法にないのはおかしいでしょう。文民である首相が最高指揮命令権を自衛隊に対して持つ、とか。戦力と言わないにしても、そういう「戦力未満実力組織統制規範」は少なくとも盛り込まなければいけない。

これに関して言うと、私がいちばんあきれたのは、「九条は裸だ」でも書いた、木村草太氏の一三条代用論。木村氏によれば、九条二項の一般的禁止は、一三条で解除されている――解除されているということは、専守防衛・個別的自衛権の枠内だったら、戦力としての自衛隊オーケーなんですよ。自衛のための戦力行使オーケーなんですよ。

ということは、今の憲法はすでに、この枠の中で戦力の保有行使を認めていますと言っているわけでしょう。だとしたら、戦力統制規範をつけないとあぶないでしょう。戦力があるということになっているんだから。なぜ戦力統制規範がない不完全な状態に憲法を置いておくんだ。

立憲的改憲論に今反対している連中は、自分たちが反対している論拠を首尾一貫させたいんだったら、彼らも改憲やらなきゃいけないはずなんだよ。「なんで今、やらなければいけないのか」なんて言っている余裕はないんだよ。お前たちが言っていることに落とし前をつけろ！　と言いたい。

山尾　私は三月のゴー宣道場で、「日本では、法律違反は許されないけど、憲法違反は許される」と言ったんですよ。その言葉は、同世代の女性から言われた言葉で、私もハッとした。それが一般の感覚なんだ、と。「法律違反は許されないけど、憲法違反は違反しているかどうかわからないし。けっこう違反してるんでしょう？」と言われて（笑）。だから、憲法違反と言っても驚かない、と。

やはりこれは、まともな憲法議論をしないで放置してきたツケが、回ってきているわけですよね。

前に言った、憲法に違反していることによる「重し」というのは、まさに違反を放置してきたからこそですから。一般の人も憲法違反を普通のように思っている。そして、先ほども言ったように、今やその「重し」を逆手にとる政権が現れた、と。

自衛権について言えば、私は、憲法上はない存在、つまり「透明人間」はしばれないと思っているから、ちゃんと生身の体を与えて、統制してしばろう、と言っています。が、安倍加憲というのは、つまり、生身の体を与えて、しかもしばらないわけですよね。これはやっぱり、きちっと実体を与えて統制するしかない。

小林　わし、もともと憲法というのは関心がなかった。なんでかというと、罰則規定がないから。そんなもん、破り放題に決まっているじゃないか、とも思っていたよ。

基本的には、ある意味慣習法として、常識で考えれば自衛隊が必要だってことはわかるだろう、とか、基本的に国民国家だったら軍隊が必要なのは当たり前でしょう、とか、そういう感覚で言ってきたけど、本来は罰則がなくても守るのが慣習法なのに、その慣習法的なものを安倍首相が破ってくるから、これはなんとかしなきゃいかんと思った。

なんでそういうふうに、憲法が無視されて守られないかというと、憲法そのものが慣習法になってない、国民のものになってない、国民の常識になっていない、というところが大きいってわしは思ったわけよ。

なぜ憲法が国民の常識になっていないのかっていったら、大日本帝国憲法にしたって、今の日本国憲法にしたって、上から押し付けられた憲法だから。作る過程の中に、国民はまったくかかわってないもん。

こんな状態ではどうしようもないんじゃないの。立憲的改憲というのをやるんだったら、国民を議論の中に巻き込んだうえで、みんなが納得して条文を作っていって、憲法とはだいたい何なのかということまで全部議論して、それから改憲案を出していくというふうにやらないと、自分たちが作り上げたものという感覚が出ないじゃない。

日本が国民国家になった明治以来、初めてそのチャンスが訪れたんじゃないか。だから、やんなきゃいかんのじゃないか、と思っているわけよ。

それを、このままでは日本会議の誰かがチョロっとアイデアを出して、自衛隊明記するだけでいいよ、と。それでまた変なのを上から押し付けられるわけでしょ。それではどうしようもないよ。

井上　私は、香山リカさんと対談したとき、やっぱり護憲派の心情というものを考えさせられた。九条二項は、これだけ死文化されている。護憲派もものすごく死文化に加担しているわけだけど、にもかかわらず、この文言があることで、魑魅魍魎《ちみもうりょう》、デーモンたちが抑えられている、と。だから、いったんこれ取っちゃったら、また戦前の軍国主義に戻っちゃう、と。じゃあ、軍隊を明認した国はみんな軍国主義になるのか。そんなバカなことはない、というのは、「九条は裸だ」にも書いた。戦前は治安維持法があったから、反戦運動もまともにできなかったけど、今は違うわけだし。

このときね、その「九条さえ守れば」という視点には、政治的主体性の意識がないのね。「評論家」なのね。

だって、日本はいちおう民主国家なんだから、軍国主義に戻るとしたら、それは国民のマジョリティーがそれを支持するからでしょう。しかし、それに対して反対運動をする護憲派も、実はその国民の一部でしょう。自分たちこそ、国民の意思がどうなっていくのかに対して、「他者」としてじゃなくて、当事者として責任をとらなければいけないはずなんだ。それがまったく運命的、必然的に、九条を取ったら日本は確実にそうなるって言う。そうさせない責任は自分たちにあるという意識がまったくない。

小林 憲法を「今週のモットー」みたいなものにしちゃってるんだよ（笑）。「戦力を持たないこと」とか書いて、壁に貼っといて、一週間たったけど、守れなかったねえ、とか言って。また、新しいモットーを作って壁に貼っておこう、と。そういうものにしてしまっているわけよ。

井上 でも「呪文さえ唱えとけば大丈夫」という、この態度のほうがむしろ、ジリジリと戦前的な軍国主義に行くことに対するマヒ感を生み出すと思う。警戒感をなくすのよ。自分たちは九条二項を固守していますから平和な民です、という欺瞞的な自己意識のもとに、現実には、自衛隊と安保という軍事力が肥大化する既成事実をどんどん追認していく。

民主党政権の時すでにジブチ共和国に常駐基地を置いた。伊勢﨑（賢治）さんが指摘しているけど、日米安保のもとでの日米地位協定も日本にとって屈辱的だけど、それ以上にジブチでの地位協定は、ジブチにとって屈辱的な内容です。

日本の場合は、アメリカが管理する基地・施設の外では、公務執行中に限り、治外法権の対象になる。ところが、ジブチに対して日本が押し付けている地位協定では、公務執行中・執行外を問わず、自衛隊は治外法権となっているわけですよ。

問題は、もし民間人に対しする誤射等があった場合、どうするのかということ。ほかの国の場合だったら軍法会議にかけられるけど、日本にそれはない。軍隊がない建前だから。

じゃあ、刑法の国外犯の適用はどうか。私はちょっと刑法を読み直してみたんだけど、日本人の国外犯の適用対象に、殺人とか傷害は入っているけど、過失致死、過失傷害、そして自衛隊の場合に問題になる業務上過失致死傷は、含まれていません。

普通、自衛隊が外に行って、民間人を傷つけるのは、いわゆるコラテラル・ダメージ、付随的被害でしょう。だから多くの場合、業務上過失致死傷になるわけだけど、それが、国外犯の適用対象ですらないのよ。つまり、その自衛隊員を裁こうにも裁けない――故意に自衛隊員が民間人を殺したという場合は国外犯になるけれども。そもそも、国家の意思で派遣されている自衛隊員が、そういう行動の中で起こったことに対して、国外犯で処理されるというのも、まったくナンセンスでしょう。

こんな法的に統制されていない軍事組織――軍事組織と呼べないならば「武装組織」の常駐基

地を、民主党政権のもとでジブチに作って、その武装組織を南スーダンにも送って、と、こういうことをどんどんやっているのに、護憲派は、その事実を追認しているだけ。

　九条二項があるから大丈夫だっていうほうが、軍事力の肥大化に対する危機感をマヒさせ、あぶない状況を作っている。


小林　だから、国民とともに考えていかなければならない。今、憲法論議やっているから、誰でも、いつからでも参加できるよ、ということにしておかなきゃいけない。そういう場を持たないといけない。

だから別に、ゴー宣道場の枠の中にとじこもっておく必要はぜんぜんないのよ。どんどん大きくなってしまってかまわないし。とてもじゃないけどこんな大人数は入らないということになれば、もっと大きな会場に移ってかまわんし、場合によってはゴー宣道場の看板なんか外してもかまわない、とわしは考えているわけですよ。

　そういうことをやっとかないと、できた憲法に対して敬意も生まれないし、われわれで守ろうという意識も生まれないと思うんだよね。


（二〇一八年三月　東京にて）

［著者・道場師範紹介］

小林よしのり（こばやし・よしのり）

一九五三年、福岡生まれ。漫画家。大学在学中にデビューして以来、人気漫画家として『おぼっちゃまくん』等のヒット作を多数世に送る。一九九二年の『ゴーマニズム宣言』以降、保守論客として言動が注目を集める存在に。二〇一〇年より「身を修め、現場で戦う覚悟を作る公論の場」として「ゴー宣道場」を開催。二〇一八年四月から「週刊ＳＰＡ！」誌上に『ゴーマニズム宣言』の連載を再開。

井上達夫（いのうえ・たつお）

一九五四年、大阪生まれ。東京大学大学院法学政治学研究科教授。サントリー学芸賞、和辻哲郎文化賞を受賞、日本を代表する法哲学者。自称リベラルの欺瞞を鋭く批判した『リベラルのことは嫌いでも、リベラリズムは嫌いにならないでください』（毎日新聞出版）以来、「朝まで生テレビ！」等で積極的な言論活動を行う。欺瞞や不正を許さない情熱的な舌鋒により「怒りの法哲学者」と呼ばれる。

山尾志桜里（やまお・しおり）

一九七四年、宮城生まれ。東京大学法学部卒。司法試験合格後、二〇〇四年より

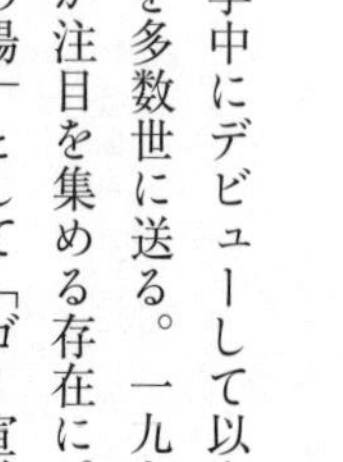

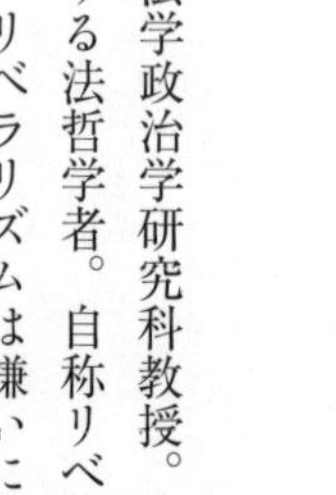

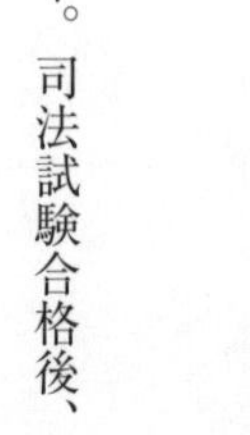

検察官として任官。その後二〇〇九年に当時民主党から衆院選に出馬、初当選。無所属を経て、現在は立憲民主党所属、三期目を務める。衆院憲法審査会の委員にも名を連ね、憲法改正、特に九条をめぐって、自衛権の範囲を個別的自衛権に限定し、政権の権力を縛る「立憲的改憲」を主張。

駒村圭吾（こまむら・けいご）

一九六〇年、東京生まれ。慶應義塾大学法学部教授。法学博士。ハーヴァード大学ライシャワー研究所・憲法改正研究プロジェクト諮問委員会委員。専門とする憲法学を中心に、アメリカ憲法との比較研究、人権基礎論、表現の自由など多岐にわたる研究を手がける。主な著書に『憲法訴訟の現代的転回』（日本評論社）、編著に『「憲法改正」の比較政治学』（弘文堂）、『テクストとしての判決』（有斐閣）など。

曽我部真裕（そがべ・まさひろ）

一九七四年生まれ。京都大学大学院法学研究科教授。パリ第二大学、パリ政治学院、リール第二大学で客員研究員、客員教授を務め、フランス憲法およびメディア法について研究。憲法学のほか、放送やインターネット法制にも研究範囲を広げ、総務省情報通信政策研究所特別上級研究員、BPO委員等も務める。著書に『反論権と表現の自由』（有斐閣）、共編著に『古典で読む憲法』（有斐閣）『憲法論点教室』（日本評論社）など多数。

〈ゴー宣道場師範（登場順）〉

高森明勅（たかもり・あきのり）

一九五七年、岡山生まれ。神道学者。神道宗教学会理事。日本文化総合研究所代表。「ゴー宣道場」には二〇一〇年の第一回から参加。著書に『天皇「生前退位」の真実』（幻冬舎）『謎とき「日本」誕生』（ちくま新書）『天皇から読みとく日本』（扶桑社）ほか多数。

倉持麟太郎（くらもち・りんたろう）

一九八三年、東京生まれ。弁護士法人Ｎｅｘｔ代表弁護士。「ゴー宣道場」には二〇一六年より参加。今回の憲法シリーズのコーディネーター役を務める。共著に『二〇一五年安保～国会の内と外で～』（岩波書店）など。

泉美木蘭（いずみ・もくれん）

一九七七年、三重生まれ。作家。著書に『会社ごっこ』（太田出版）、『エム女の手帖』（幻冬舎）など。東日本大震災の取材をきっかけに「ゴー宣道場」に参加、二〇一三年より師範を務める。

笹幸恵（ささ・ゆきえ）

一九七四年、神奈川生まれ。ジャーナリスト。太平洋戦争や軍・自衛隊をテーマにした記事を多数発表。「ゴー宣道場」には第一回より参加、司会を務める。著書に『女ひとり玉砕の島を行く』（文藝春秋）など。

ゴー宣《せん》〈憲《けん》法《ぽう》〉道《どう》場《じょう》

Ⅰ 白帯《しろおび》

印 刷　2018年4月15日
発 行　2018年4月30日

著 者　小林《こばやし》よしのり、井上達夫《いのうえたつお》、山尾志桜里《やまおしおり》
駒村圭吾《こまむらけいご》、曽我部真裕《そがべまさひろ》

発行人　黒川昭良
発行所　毎日新聞出版
〒102-0074
東京都千代田区九段南1-6-17 千代田会館5階
営業本部　03（6265）6941
図書第二編集部　03（6265）6746

印刷・製本　光邦

ISBN978-4-620- 32517-0